CALLWEY

KLEINE BÄDER

SYBILLE HILGERT

Die besten Lösungen bis 10 m²

CALLWEY

Vorwort

Wohnen im XS-Format ohne Einschränkungen in Qualität und Design. Das ist einer der Wohntrends der heutigen Zeit. Dabei dienen die eigenen vier Wände immer mehr als Rückzugsort, als Ort zum Entspannen und zum »Wiederaufladen der Batterien«. Das gilt für kleinere Wohnungen genauso wie für große. Da ist es nicht verwunderlich, dass auf die Badeinrichter von Aqua Cultura immer häufiger der Wunsch der Bauherren zukommt, auch auf kleinen Grundflächen, aus Bädern anspruchsvolle und individuelle Wohlfühloasen zu zaubern.

In dem nun dritten gemeinsam mit dem Verlag gestalteten Badbuch erlauben die Badplaner von Aqua Cultura einen tiefen Einblick in die Trickkiste und zeigen, wie sich auch auf kleinem Raum Traumbäder verwirklichen lassen. Denn oft ist es ungleich schwieriger, ein kleines Bad optimal zu gestalten, als ein großes. Wenn wir hier von »kleinen Bädern« sprechen, dann meinen wir damit eigentlich die Durchschnittsgröße der deutschen Badezimmer. Diese liegt bei 7,8 Quadratmetern.

Grund genug für uns, ein ganzes Buch ausschließlich Bädern mit einer Grundfläche von bis zu 10 Quadratmetern zu widmen. Und dass diese sich vor ihren großen Brüdern nicht verstecken brauchen, sehen Sie in über 45 Beispielen aus privaten Wohnhäusern, die wir zusammengetragen haben. Wir konnten die erfahrene Wohnjournalistin Sybille Hilgert als Autorin gewinnen, die die Praxisbeispiele von AC-Badeinrichtern detailliert und anschaulich beschreibt und die Tipps der Badplaner auf den Punkt bringt. Einzelne Beiträge zu Materialien, Licht, Designprodukten und dem Trend »Green Bathroom« runden diesen Badratgeber ab.

Viel Freude beim Durchstöbern dieses Bandes und viele Inspirationen für das eigene kleine, aber feine Bad!

Martina Brüßel

Martina Brüßel, Geschäftsführerin von Aqua Cultura, dem Qualitätssiegel führender Badeinrichter

▶
Geschickt geplant ist auch Platz auf kleinstem Raum. (Duravit)

Bain
Lin
12 13 14 15
DIOR HOMME
Dior
MARVIS
Savon
Lin
MARVIS
MARVIS
Soap
DURAVIT

Warum kleine Bäder so besonders sind

Kleines Bad ganz groß

Schöne Bäder haben viel mit schöner Kleidung gemeinsam. Dazu zählt auch die richtige Passform. Denn nur wenn Bad und Kleidung richtig passen, fühlt man sich in ihnen wohl. Doch während ein zu enges Kleid mit wenigen Handgriffen und eigenen Schneiderkenntnissen geändert werden kann, benötigt ein kleines Bad den Rat des Fachmannes, um sich in eine wirkliche Wohlfühloase zu verwandeln.

Wenn wir beim Vergleich mit dem Textilbereich bleiben, dann sind Badplaner sozusagen die Maßschneider fürs Bad. Ebenso wie Maßschneider dafür sorgen, dass Kleidung perfekt sitzt, sorgen Badplaner dafür, dass ein Bad die optimale Passform hat. Sie setzen die Vorzüge auch des kleinsten Bades ins rechte Licht und bescheren dem Badnutzer ein perfekt auf ihn zugeschnittenes Badezimmer – egal über wie viele Quadratmeter der Raum verfügt. Ein kleines Bad kann man zwar in den seltensten Fällen rein räumlich vergrößern. Aber mit der richtigen Planung und Ausstattung, dem richtigen Licht oder Material gewinnt es nicht nur optisch an Größe, auch der Wohlfühleffekt potenziert sich um ein Vielfaches. Dass es dazu nicht viel Raum braucht, beweisen die gelungenen Beispiele in diesem Buch. Sie zeigen auch, dass kleine Bäder über einen unschlagbaren Geborgenheitsfaktor verfügen, der manches große Bad in den Schatten stellt. Das Motto »Weniger ist mehr« gilt eben manchmal auch für die Raumgröße.

Charmanter Rückzugsort

Das deutsche Durchschnittsbad ist 7,8 Quadratmeter groß. Allerdings liegen 28 Prozent der deutschen Bäder weit unter diesem Durchschnitt und noch weniger Bäder sind über 10 Quadratmeter groß. Diese Werte wurden laut Vereinigung Deutsche Sanitärwirtschaft e.V. im Jahr 2006 ermittelt und seitdem hat sich nicht wirklich viel geändert.

Und das, obwohl die Rolle des Bades als Rückzugsort in den letzten Jahren immer weiter zunimmt. Inmitten der wachsenden Alltagshektik ist dieser Raum, in dem man Pflegerituale hegt, sich unter der Dusche erfrischt oder in der Wanne entspannt, eine kleine Oase, in die man sich ganz ohne schlechtes Gewissen zurückziehen kann. Wenn die Badezimmertür zufällt, befindet man sich im Idealfall in einer anderen Welt. Und die sollte möglichst schön gestaltet sein. Denn in einem ästhetischen Ambiente fallen Entspannung und Abschalten viel leichter.

Dank Badplanern mit einer großen Leidenschaft für Ästhetik und Design spielt die Größe eines Bades bei der wohnlichen Gestaltung keine Rolle mehr. Unter der Regie von erfahrenen Fachleuten wird auch der kleinste Raum zum prachtvollen Bad, auch wenn es nur 4 Quadratmeter groß ist.

Problemzone Bad?

In einem kleinen Bad liegen die unterschiedlichen Funktionsbereiche eng beieinander. Damit sich die Badnutzer in diesem doch sehr privaten Raum nicht bedrängt fühlen, ist eine durchdachte Auftei-

▲
Attraktiver Kleinstwaschplatz (Alape) aus Stahl-Email mit raffiniert integriertem Stauraum.

►
Der Miniwaschplatz (Alape) als attraktiver Solist mit Skulpturcharakter.

lung vonnöten. So kann auch aus einem Bad mit Problemzonen ein wunderbarer Ort der Entspannung werden.

Eine einfallslose Aneinanderreihung von Sanitärobjekten ist auch bei Platzmangel keine Lösung. Je nach Grundriss können Waschtisch, Wanne oder Dusche auch von der Wand weggerückt oder quergestellt werden. Allerdings heißt es hier aufpassen, denn manchmal können auf diese Weise Barrieren aufgebaut und der Raum zusätzlich verkleinert werden. Als architektonische Elemente empfehlen sich Vorwandinstallationen. Sie bieten Ablageflächen und zudem Platz für die benötigte Technik sowie Wasserleitungen. Freiheit und Größe gewinnt ein Bad durch die eindeutige Zuordnung der Funktionszonen in die Bereiche Pflege, Hygiene und Entspannung. Dem Waschtisch fällt dabei die Funktion der Pflege zu, Dusche oder Wanne übernehmen die Funktion Entspannung, WC und eventuell Bidet fungieren als Hygienebereich.

Der Boden sollte im kleinen Bad möglichst frei bleiben. Dazu trägt eine wandhängende Badeinrichtung einen wichtigen Teil bei. Auf Badteppiche sollte weitestgehend verzichtet werden. Ein durchgängig gestalteter Bodenbelag lässt den Raum sofort größer wirken.

Stimmungsvoll: Das richtige Licht

Licht ist ein wichtiger Faktor für das Wohlgefühl in jedem Raum. Die richtigen Lichtverhältnisse beeinflussen auch die Größenverhältnisse in einem Bad – zumindest optisch.

▲
Mit indirektem Licht lassen sich einzelne Bereiche des Bades hervorheben. Gleichzeitig sorgt der sanfte Lichtschimmer für eine schöne Atmosphäre. (Bette)

Eine Deckenleuchte kann als Grundbeleuchtung dienen, sollte aber durch unterschiedlich verteilte Lichtquellen wie Bodenstrahler, beleuchtete Regale oder Nischen ergänzt werden, denn sie bilden kleine Lichtinseln und sorgen für eine heimelige Atmosphäre. Mit zielgerichteten Lichteffekten kann man darüber hinaus auch ein wenig vom kleinen Raum ablenken. (Noch mehr über gutes Licht im Bad lesen Sie im Artikel »Funktion und Lightemotion – gutes Licht im Bad« auf Seite 46/47)

Bitte recht freundlich

Helle Farben lassen kleine Räume größer wirken. Dementsprechend bieten helle Fliesen und Wandfarben die einfachste Möglichkeit, ein Bad optisch größer wirken zu lassen. Statt eines bunten Farbmixes oder extremer Kontraste, die zu viel Unruhe ins Bad bringen, ist eine Ton-in-Ton-Gestaltung die richtige Wahl für einen kleinen Raum. Sanfte Naturtöne oder unterschiedliche Graunuancen wirken ruhig und großzügig. Farbige Akzente sollten auf wenige Details beschränkt werden, wie etwa bunte Handtücher oder dekorative Accessoires.

Ein wenig Luxus tut gut

Kleine Räume mögen es luxuriös. Doch auch hier gilt der Grundsatz: Weniger ist mehr. Denn auf keinen Fall darf ein kleines Bad mit Dekorationen oder auffälligen Materialien überladen werden. Zu viel Detailreichtum, sowohl bei Materialien wie auch bei Farben, beeinträchtigt die Größe eines Raumes. Ein Eyecatcher, etwa ein kostbarer Wandspiegel, ein extravagantes Bild, ein ausgefallenes Kunstobjekt, reicht vollkommen aus. Er zieht die Blicke auf sich, sofern der Rest des Raumes schlicht ist. Zurückhaltung sollte also das Motto bei der Material- und Farbwahl sein. Ein weiterer Wahlspruch für die Einrichtung eines kleinen Bades ist »Zurück zur Natur«, denn natürliche Oberflächen wie edler Naturstein oder ausdrucksvolle Hölzer verleihen dem Raum Sinnlichkeit. Fliesen in sanften Naturtönen machen ein Bad behaglich.

◄
Kleine Bäder lieben luxuriöse Materialien wie »Cyprum«, eine hochglänzende Oberfläche, die auf der Basis von 18-karätigem Feingold mit echtem Kupfer hergestellt wird. (Dornbracht)

►
Stauraum elegant verpackt hinter hochglänzenden Lackfronten. (Keuco)

▲
Das Handwaschbecken im markanten Rechteck-Design macht sich mit den Maßen 25 × 45 Zentimeter ganz klein. (Duravit)

▲
Bodenbündige Duschwannen bieten maximale Bewegungsfreiheit. Ideal ergänzt durch eine verspiegelte Duschabtrennung (Duravit), die sich vollständig an die Wand klappen lässt.

Platz da – Stauraum tut not

Wie bereits erwähnt, ist im Minibad Maßarbeit gefragt. Das gilt vor allem für Stauraumlösungen. Stichwort Einbauschränke: Sie werden maßgenau gefertigt, passen im Idealfall in die kleinste Ecke und können perfekt auf die übrige Badeinrichtung abgestimmt werden. Auch der Raum unter dem Waschbecken kann sehr dekorativ für die Stauraumgestaltung genutzt werden. Elegante, großformatige Schubladenauszüge oder freischwebende Regale sind ideale Begleiter mit viel Platz. Wenn die Fronten der Möbel sich farblich in das Raumkonzept integrieren, dann wirkt auch eine recht massive Stauraumlösung elegant und leichtfüßig. Wer zusätzlichen Platz benötigt, kann auf Rollcontainer, die sich flexibel im Raum platzieren lassen, zurückgreifen.

Ohne Ecken und Kanten

Auch ein kleines Bad sollte weitestgehend barrierefrei gestaltet werden. Stolperkanten haben in modernen Bädern nämlich nichts mehr zu suchen. Und davon profitieren Alt und Jung. Großzügige Ablagen, Sitzmöglichkeiten in der Dusche oder Haltegriffe gewährleisten zwar vor allem im Alter eine selbständige und komfortable Badnutzung. Aber auch in jüngeren Jahren profitiert man von Installationen, die eigentlich für die ältere Generation vorgesehen sind. Bodenebene Duschflächen oder breite Wannenränder erleichtern den Einstieg ins Dusch- oder Badevergnügen. Fest montierte Griffe verleihen dabei Halt. Für ein sicheres Gefühl in der Dusche sorgt das richtige Licht, das diesen Bereich gründlich ausleuchtet und trügerische Spiegelungen verhindert. Und damit es auch mit nassen Füßen nicht zu Stürzen im Bad kommt, sollten rutschhemmende Bodenbeläge verlegt werden.

Trickreich

Neben großen baulichen Maßnahmen gibt es auch ein paar kleinere, aber ebenso effektive Tricks, um ein Bad größer wirken zu lassen. Durch die Gestaltung von Wand und Boden mit den gleichen Materialien entsteht eine einheitliche Wirkung, die ein kleines Bad rein optisch viel großzügiger erscheinen lässt. Auch großformatige Fliesen sind ein Patentrezept für die Gestaltung kleiner Bäder. Das liegt am großzügigen Fugenbild. Denn je weniger Fugen ein Bad hat, desto mehr Ruhe kommt in die Gestaltung.
Ein weiterer Verbündeter bei der Ausstattung eines kleinen Bades ist Glas. Transparente Elemente lassen das Bad automatisch weiter und größer wirken. Daher ist für eine Duschabtrennung im kleinen Bad das Material Glas einfach die erste Wahl. In die gleiche Richtung

▸
Wenn nur wenige Quadratmeter zur Verfügung stehen, gilt es, den vorhandenen Platz optimal zu nutzen. Zwei in eins heißt eine sehr effektive Problemlösung. Diese Wannen-Duschkombination (Bette) vereint vollwertige Wanne und großzügige Dusche inklusive Duschabtrennung in einem Produkt.

geht die Verwendung von Spiegeln, um ein kleines Bad optisch zu vergrößern. Ein Spiegel reflektiert den Raum und die Beleuchtung. Er vergrößert somit die Ausmaße und bringt Helle und Weite in den Raum. Im ganz Kleinen funktioniert der Spiegeleffekt auch mit Armaturen, denn alle glatten Oberflächen spiegeln das Licht und machen einen Raum heller.

Sonderfall Dachbad

Kleine Bäder sind häufig eine Planungsherausforderung. Ein kleines Bad unter dem Giebel verliert durch die Dachschrägen allerdings noch weiter an Fläche. Dafür gewinnt es mit der Position so nah am Himmel besonders viel Flair. Die Regeln für die Einrichtung eines kleinen Bades gelten auch für ein kleines Dachbad. Allerdings gibt es in diesem Fall noch ein paar Sonderregelungen. So kommt man unter dem Dach mit Planungen und Einrichtungen von der Stange nicht weit. Um jeden Winkel sinnvoll zu nutzen, sind maßgeschneiderte Einbauten das Mittel der Wahl. Unter dem Dach können Farben ganz gezielt und auch kontrastreicher als in anderen Räumen eingesetzt werden. So kann ein Gegensatz aus hellen und dunklen Wänden den Raum vergrößern. Grundsätzlich gilt, dass helle Farben an Wand und Decke die Dachschräge optisch zurücktreten und den Raum höher wirken lassen. Damit der Charakter des Raumes unter dem Dach erhalten bleibt, sollten Decken- und Trägerbalken durch Farben oder Lichtinszenierungen hervorgehoben werden. Dann lässt sich auch im Minibad unter dem Dach nach den Sternen greifen.

Weniger ist mehr

In kleinen Bädern ist die Kunst des Weglassens essentiell. Ist ein so kleiner Raum überladen und detailverliebt, wirkt er beengt und beengend. Doch Reduktion darf gerade im Bad nicht Unterkühltheit bedeuten. Eine sterile Atmosphäre, die einen frösteln lässt, ist geradezu kontraproduktiv. Dieser Raum, den wir so nah an uns heranlassen, in dem wir ganz wir selbst sind ohne schützende Masken und Kleidung, muss sich einfach gut anfühlen. Wie das gelingt?

Das Rezept lautet »So wenig wie möglich, so viel wie nötig«. Die gelungene Balance ist das Geheimnis eines Wohlfühlbades im Kleinstformat. Dieses Gleichgewicht zu finden, ist eine große Kunst. Die Badplaner, deren Lösungen in diesem Buch (wie auch in den vorhergehenden »Die besten Bäder – individuell & maßgeschneidert« sowie »Die besten Bäder zum Wohlfühlen«) vorgestellt werden, beherrschen sie.

Badplaner

Anja Beuttenmüller-Gärtner **Badkultur, Stuttgart**

Georg Boddenberg **Boddenberg Baddesign, Leverkusen**

N. Brückner und L. Wingenter **Schramm, München**

Gisela Bukoll und Anja Kroh **Bukoll Bäder + Wärme, Diessen/Ammersee**

Regine und Thilo Dreyer **Dreyer, Erlangen**

Martina Frick **FRICKBadezimmer, Ulm**

Maritta Goldmann **GOLDMANN Badmanufaktur, Berlin**

Wolfgang John **John GmbH, Heistenbach**

Stephan Krischer und Jana Hempelmann **Ultramarin, Köln**

Roland Liegl **küche.bad.innenarchitektur., Schnaltsee**

Jürgen Möllers **Bad & Mehr, Münster**

Thomas Roth **badmanufaktur Roth, Wiesbaden**

Henning Senger **Das Premiumbad, Osnabrück**

Rolf Senti **Bagno Sasso Mobili AG, Landquart, Schweiz**

Elmar Steinrücke **Bad + Raum in Perfektion, Dortmund**

Ines Tanke **Bäderwerkstatt, Apfelstädt**

Yvonne Wagner **Wagner GmbH, Rodgau**

AC AQUA CULTURA

Badprojekte

Ganz in Weiß

HELL, KLAR UND MINIMALISTISCH – DIESE DREI STICHWORTE GAB DAS BAUHERREN-EHEPAAR DEN BADPLANERN AN DIE HAND. UND SO ENTSTAND AUF 6,5 QUADRATMETERN EIN LEICHTFÜSSIG WIRKENDER RAUM, DESSEN EINZELNE ELEMENTE FAST ZU SCHWEBEN SCHEINEN.

Dabei waren die Grundvoraussetzungen nicht gerade ideal. Da eine komplette Raumumgestaltung mit Verlegung von Tür und Fenster nicht vorgesehen war, gab es nicht sehr viele architektonische Alternativen. Die vorhandenen Gestaltungsmöglichkeiten wurden allerdings perfekt genutzt. An der Außenwand, quer vor dem Fenster, wurde eine Dusch-/Wannenkombination installiert. Dieses Kombinationsmodell ist vollwertige Dusche und bequeme Wanne in Personalunion und damit als Raumsparmodell prädestiniert. In die Wanne ist eine durchgehende Duschtür integriert. Sie wird nach innen geöffnet und ermöglicht einen bequemen Einstieg. Beim Baden ist sie dank ausgeklügelter Technik dicht verschlossen.

Die Funktionsbereiche des Bades konzentrieren sich auf die rechte Wand. Hier finden WC und Waschtisch Platz. Eine Vorwandinstallation sorgt für eine optische Akzentuierung, indem sie die beiden Sanitärobjekte etwas von der Wand wegrückt.

Die Waschplatz-Kombination ist perfekt aufeinander abgestimmt. Auf dem lang gestreckten Waschtisch befindet sich eine ungewöhnlich geformte Waschschale. Der Spiegel nimmt die Form des Waschtisches wieder auf, was im Zusammenspiel eine optimale Raumwirkung erzielt. Dazu kommt, dass der Unterschrank nur aus einem großzügigen Schubladenauszug mit hochglänzender Oberfläche besteht, welche die Leichtigkeit der Konstruktion betont. Über dem WC wurde ein weiterer, schmaler Oberschrank mit satinierten Glastüren angebracht. Das komplettiert die Wandgestaltung und schafft noch mehr elegant verpackten Stauraum.

Auf der gegenüberliegenden Seite wurden – ganz funktionell – lediglich ein Handtuch-Wärmekörper sowie ein Handtuchhalter für große Dusch- und Badetücher platziert.

◀ Die Dusch-Wannenkombination mit integrierter Duschtür passt mit einer Länge von 1,60 Metern perfekt in die Nische unter dem Fenster.

▶ Diese leichtfüßige Badinszenierung tritt den Beweis an, dass ein weißes Bad nicht steril wirken muss. Die wichtigsten Zutaten: hochwertige Materialien, grazile Formen und geschickt gesetztes Licht.

▲ Die fein geschwungene Waschschale aus Corian ist ein wahres Schmuckstück.

▶▶ Gute Planung achtet auch auf feinste Details. So nimmt der rechteckige Spiegel die Form des Waschplatzes auf.

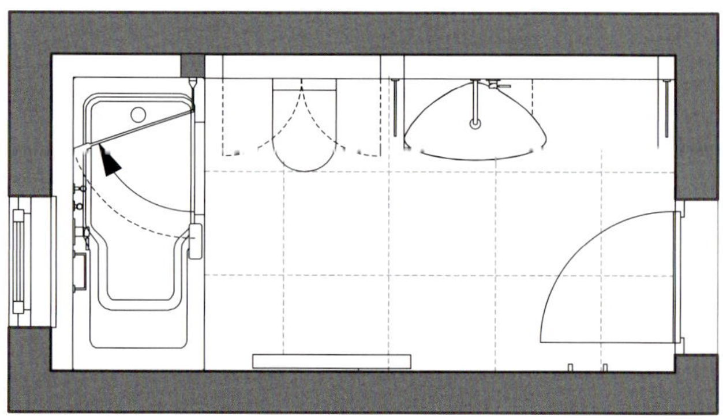

Grundriss Maßstab 1:50

Renovierung im Bestand
Badnutzer: Ehepaar

Möbel, Waschtisch, Spiegel antoniolupi
Armaturen, Accessoires Dornbracht
Badewanne Artweger
WC Ideal Standard

Verarbeitete Materialien Feinsteinzeug, Naturstein, Corian

Kosten ca. 30.000 Euro

»Die Dusch-/Wannenkombination ist einfach ideal für unser Bad.«

Authentisch und charmant

Wie kann man den Wunsch anspruchsvoller Kunden nach etwas ganz Besonderem erfüllen? Der Badplaner fand in der Kombination von über 200 Jahre altem Eichenholz mit strengen, puristischen Linien das optimale Stilrezept für das 9 Quadratmeter grosse Bad.

Diese überaus authentische Mischung entspricht der Lebensart des anspruchsvollen Kundenehepaares, das Gemälde und wertvolle Skulpturen sammelt. Mit dem alten Eichenholz, das für die Möbel verwendet wurde, zog hochwertiges und geschichtsträchtiges Material ins Bad ein. Der Badplaner fügte das Eichenholz mit modernem Mineralwerkstoff zu einem ungewöhnlichen Waschtisch zusammen, der den Charme eines Erbstückes mit aktuellem Design verbindet. Aus altem Eichenholz wurden auch die Sitzbank und das dahinter liegende Wandpaneel gefertigt.

Für eine angenehm warme Atmosphäre sorgt die ausgeklügelte Beleuchtung. Alle Leuchten sind dimmbar und können getrennt geschaltet werden. So entstehen – ganz nach Wunsch – attraktive Lichtszenarien. Vor allem der Wannenbereich wird mit raffinierten Lichteffekten ausgesprochen wirkungsvoll inszeniert.

Die Badewanne passt perfekt von Wand zu Wand und findet ihre Fortsetzung in der bereits erwähnten Sitzbank, die im Übrigen so groß ist, dass man sich hier auch einmal lang ausstrecken kann. Um die Reinigung möglichst leicht zu machen, wurden Wannen- und Waschtischbereich fugenlos gestaltet. Die Waschtischplatte zieht sich dank einer Aufkantung nahtlos bis zum großen Spiegelschrank. Neben dem Waschtisch befindet sich in einer eigens gemauerten Nische ein Heizkörper, dessen komplette Front verspiegelt ist.

Der gesamte Raum zeigt eine große Individualität, die sich nicht nur im ungewöhnlichen Stilmix, sondern auch in den eigens angefertigten Produkten widerspiegelt. So sind neben den Möbel-Sonderanfertigungen auch alle Armaturen und Accessoires sowie die WC-Betätigungsplatte vom Hersteller extra mit Platin beschichtet worden.

»Das über 200 Jahre alte Eichenholz zeigt seine Schönheit im raffinierten Zusammenspiel mit den puristischen Linien der Einrichtung.«

▶ Schränke und Sitzbank wurden aus massivem, mindestens 200 Jahre altem, geöltem Eichenholz angefertigt.

▼ Altes Eichenholz und modernes Design beweisen gemeinsam modernen Stil.

Grundriss Maßstab 1:50

Renovierung im Bestand
Badnutzer: Ehepaar

Möbel, Beleuchtung Roland Liegl Manufaktur
Armaturen, Accessoires Dornbracht
Badewanne Domovari
WC Duravit
Heizkörper Bemm
Fliesen Casa Dolce Casa

Verarbeitete Materialien Eiche Altholz, GFK, Feinsteinzeug, Mineralwerkstoff
Kosten k. A.

▶
Exklusives Extra: Die Armaturen wurden vom Hersteller mit Platin beschichtet.

▼
Der Heizkörper hinter der Tür dient als Ganzkörperspiegel.

Im coolen Mad-Men-Stil

Die Bauherren leben in einer Penthouse-Wohnung, die in den 1960er Jahren gebaut wurde. Das neue 8 Quadratmeter grosse Bad sollte zum Stil der Wohnung passen und die typischen Elemente des Sixties-Looks auf moderne Art interpretieren.

Kennzeichnend für diesen Einrichtungsstil sind der Verzicht auf jeglichen Schnickschnack und die ungewöhnlichen Farbkombinationen. Sitzmöbel in Orange und Gelb oder Schränke in schwerem Nussbaum waren zur damaligen Zeit absolut angesagt und feiern heute ein rauschendes Comeback.

Für das Bad wurden ehemaliges WC und Badezimmer zusammengelegt. Das neue Bad ist jetzt eingebettet zwischen einem Ankleideraum und einer großzügigen Loggia. Die originalen Einbauschränke aus den 1960er Jahren wurden in die neue Badarchitektur integriert, so dass die Türen zu den angrenzenden Räumen geöffnet werden können und einen Blick nach draußen gewähren.

Das Bad wird mit einer Schiebetür verschlossen. Dann ist absolute Intimität gewährleistet und man kann ganz in die Atmosphäre dieses Raumes abtauchen. Dunkelgrünes Mosaik – eine Reminiszenz an die Farbvorlieben der 1960er Jahre – indirektes Licht und kleine Nischen verwandeln das Bad in einen stimmungsvollen Raum. Accessoires im Sixties-typischen Orange und Gelb setzen gezielte Farbakzente und spielen gekonnt mit Stilzitaten.

Die Sanitärobjekte wurden komplett in Weiß gewählt und bilden einen frischen Kontrast zu den grünen Wänden. Ein Highlight ist der Waschplatz. Das in der Mitte befindliche Becken ist von großen Ablageflächen umgeben. Dazu kommen diverse, sehr funktionale Auszüge. Weitere Ablageflächen beschert die indirekt beleuchtete Nische über dem Waschplatz. Ebenfalls in Weiß präsentiert sich die mit Fliesen verkleidete, maßgefertigte Wanne, von der aus man durch die geöffneten Nussbaumtüren nach draußen blicken kann. An sie schließt sich die Dusche, mit einer integrierten, gemauerten Bank, die als Sitz- und Ablagefläche dient, an.

▸ Vor dem Hintergrund des grünen Glasmosaiks wirken die weißen Sanitärobjekte besonders frisch.

▾ Typisches Sixties-Design: Die Plastic-Chairs von Charles Eames.

▾ Knallige Farben – auch das ein Trend in den 1960er Jahren.

▾ Reduziert und schnörkellos wie das ganze Bad sind auch die Armaturen.

»Eine gelungene, sehr moderne Hommage an die 1960er Jahre.«

▼
Das Bad kann mit einer Schiebetür verschlossen werden. An der Decke sind die Führungsschienen zu erkennen.

►
Durch ein Oberlicht gelangt Tageslicht in den Raum.

▲
Die Front des ehemaligen Einbauschranks kann geöffnet werden, so dass man beim Baden freien Blick nach draußen hat.

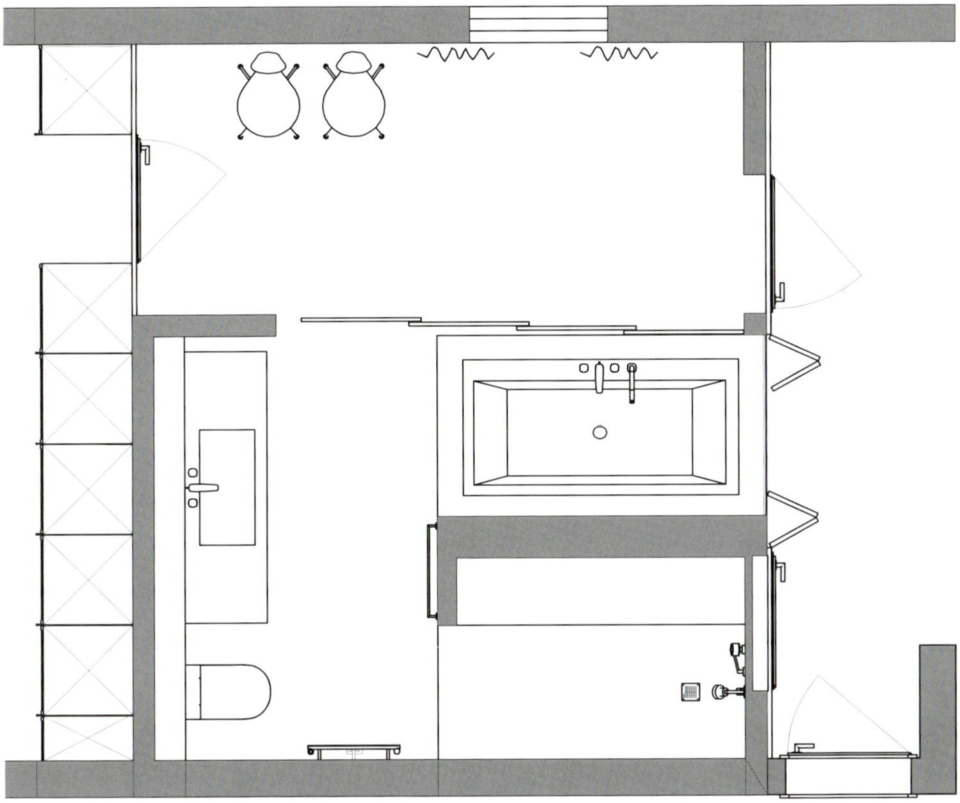

Grundriss Maßstab 1:50

Renovierung im Bestand
Badnutzer: Ehepaar

Wanne, Waschtischplatten Maßanfertigung
Armaturen Dornbracht
Fliesen Bisazza

Verarbeitete Materialien Boden gespachtelt durch INARC

Kosten 65.000 Euro

◄◄
Die Duscharmatur sorgt stilvoll für wohltemperiertes Wasser.

◄
Die geräumige Dusche wurde mit einer gemauerten Sitzbank ausgestattet.

Ein bisschen Meer!

In diesem 7 Quadratmeter grossen Bad kann man zwar nicht mit den Fischen schwimmen, aber beim Duschen die kleinen Wasserbewohner in einem Aquarium beobachten.

Die Integration eines Aquariums im Bad war ein Herzenswunsch der Bauherren. Auf der Suche nach einem Platz für das Becken bot sich die Integration in die Dusche an. Denn die Planung des Duschbereiches erforderte den Bau einer Trennwand, die sich ideal für den Einbau eines Aquariums eignete. Obwohl die Wand nachträglich eingezogen wurde, wirkt der Raum nicht gedrängt. Die Trennwand wahrt nämlich einen etwa 30-Zentimeter-Abstand zur Decke. Das wirkt leicht und ermöglicht eine optimale Belüftung der Dusche.

Beim Duschen kann man jetzt den sich im Wasser tummelnden tropischen Fischen zusehen. So kommt bereits am frühen Morgen ein wenig Urlaubsfeeling auf. (Das im Übrigen noch durch den prasselnden Wasserregen aus dem Duschhimmel potenziert wird.) Eine versteckt angebrachte Revisionsklappe macht den Zugang zum Aquarium möglich, sodass die Fütterung der Fische und die Reinigung des Beckens völlig unproblematisch sind.

Abgesehen vom farbenprächtigen Aquarium prägt ein konsequenter Minimalismus beim Einsatz von Farben und Formen die Gestaltung des Bades. Graue großformatige Fliesen mit Handmade-Charakter dominieren bei der Farbgebung und werden durch weiß verputzte Wände ergänzt. Der Vorteil dieser Farbgestaltung: Man kann dem eleganten Schwarz-Weiß-Grau-Modus treu bleiben oder mit den unterschiedlichsten Farben frische Akzente setzen.

Vor dem zurückhaltenden Hintergrund wirken Badmöbel und Heizkörper in Schwarz besonders elegant. Der geradlinige Waschtisch wird im Zusammenspiel mit dem rechteckigen Spiegel zum perfekten Waschplatzduo – konsequent geradlinig wie das gesamte Badezimmer.

Renovierung im Einfamilienhaus
Badnutzer: Ehepaar

Waschbecken, WC Duravit
Armaturen Gessi
Heizkörper Caleido
Wand- und Bodenfliesen Mosa
Leuchten Decor Walther

Verarbeitete Materialien Holz, Feinsteinzeug, Keramik, Edelstahl

Kosten 39.500 Euro

▼ Der elegante schwarze Heizkörper ist mit zwei Handtuchhaltern ausgestattet.

◀ Der Waschtisch mit reichlich Ablagefläche ist äußerst komfortabel.

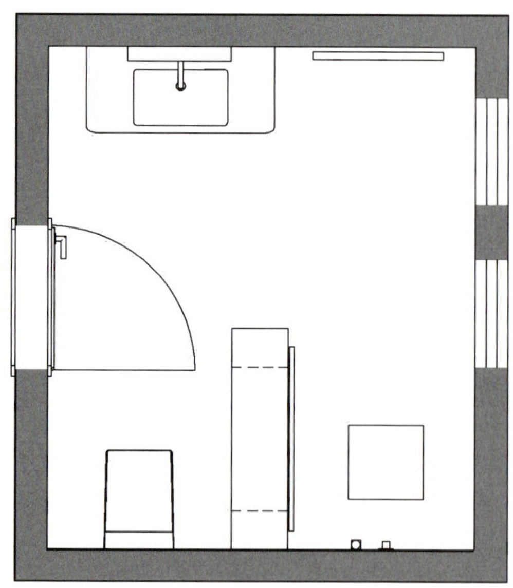

Grundriss Maßstab 1:50

▶ Die Dusche überzeugt – abgesehen vom farbenprächtigen Aquarium – mit konsequentem Minimalismus.

»Wir freuen uns jeden Tag auf's Neue auf unser Aquarium-Bad.«

Aus zwei wird eins

Momente der Ruhe in den eigenen vier Wänden sind im stressigen Familienalltag so wertvoll. Die jungen Eltern stellten sich ihr neues, 6 Quadratmeter kleines Bad als Rückzugsort vor und setzten dabei ganz auf warme Farben und entspannte Stimmung.

Bevor die regelmäßigen Auszeiten im neuen Bad genossen werden konnten, musste erst einmal gründlich renoviert werden. Denn aus zwei kleinen Räumen sollte ein größerer entstehen, der die Bezeichnung Badezimmer auch wirklich verdient. Der Plan ist gelungen, denn das neue Bad wirkt großzügig und bietet Bewegungsfreiheit. Tageslicht, ein wichtiger Wohlfühlfaktor, fällt durch ein großes Fenster.

Ein alter Kaminschacht war die einzige verbliebene »Altlast«. Die Lösung: Er wurde hinter einem Einbauschrank aus hochwertigem Nussbaumholz versteckt, der direkt in den Waschplatz übergeht. Die schlanke, raumhohe Form des Schrankes trägt darüber hinaus zur optischen Raumstreckung bei. Der Unterschrank, in den ein elegantes Becken eingelassen ist, verfügt über großzügige Schubladen und erinnert ein wenig an die stylishen Möbel aus den 60er Jahren des letzten Jahrhunderts. Das ausdrucksstarke Nussbaumholz hat einen leicht afrikanischen Touch, der von den Bauherren überaus erwünscht war und durch die entsprechende Dekoration im Raum noch unterstrichen wird. Für die Wände wurde – außer in der Dusche und am WC – cremefarbener Marmorputz verwendet, der warm und behaglich wirkt.

Da die Familie lieber duscht als badet, wurde eine großzügige Dusche eingeplant und auf die Wanne verzichtet. Die Dusche befindet sich auf einem kleinen Sockel, unter dem ein Teil der Technik und Leitungen verlegt wurden. Die Fliesenanbringung im Halbverband wirkt wie rustikales Mauerwerk. Auch dieser Effekt war von den Bauherren ausdrücklich gewünscht und ist einwandfrei umgesetzt worden. Die Dusche bietet Platz für mindestens zwei Personen, sodass Kids oder Eltern auch mal gemeinsam duschen können. Wahre Duschfeste gewährleistet der luxuriöse Duschhimmel, den die ganze Familie gerne und ausgiebig nutzt.

▼ Neben der Dusche hat das WC Platz. Auf diesem Foto ist der Sockel, unter dem ein Teil der Technik und Leitungen verlegt wurde, gut zu erkennen.

▼ Ein Wandauslauf mit Stil. Die Facetten und Flächen sollen an einen Kristall erinnern.

▼ Hier macht Duschen dank des in der Decke eingelassenen Regenhimmels besonderen Spaß. Für eine schnelle Abkühlung reicht die Handbrause.

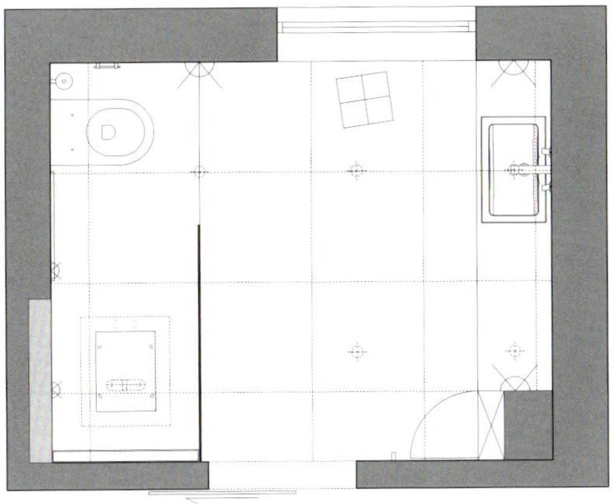

Grundriss   Maßstab 1:50

Renovierung im Bestand
Badnutzer: Familie mit zwei Kindern

WC   Ideal Standard
Armaturen   Dornbracht
Möbel   Maßanfertigung durch Schreiner
Leuchten   Artenia
Feinsteinzeug   Mosa

Verarbeitete Materialien   Marmor-Feinputz, Feinsteinzeug, Nussbaumholz

Kosten   45.000 Euro

▼
Angenehme Atmosphäre.

▼▼
Der Waschplatz überzeugt nicht nur durch das expressive Nussbaumholz. Besonders gelungen ist die Lichtplanung. Die Wandleuchten geben Licht nach oben und unten ab. Der Spiegel ist hinterleuchtet und wirkt, als würde er vor der Wand schweben.

Gut kombiniert

Ein Kinderbad im Haus entspannt das Familienleben ungemein. Aber es ist auch ein kleiner Luxus. Umso besser ist es, wenn das Kinderbad auch von den Gästen genutzt werden kann. Daher erschien den Bauherren eine Kombination von Kinder- und Gästebad auf den vorhandenen 6 Quadratmetern als ideale Lösung.

Da die Planung in allen Details besprochen war, konnten die Bauherren für drei Wochen in den Urlaub gehen und den Handwerkern in dieser Zeit ihr Haus überlassen. Die gute Vorarbeit und das Vertrauen haben sich gelohnt. Entstanden ist ein Bad, das den Gästen gefällt und das die Kinder auch in ein paar Jahren noch gerne nutzen werden. Der moderne Look wirkt zurückhaltend und wird durch ein paar spielerische Elemente, wie die coolen Regalboxen, aufgelockert.

Allerdings mussten noch ein paar Arbeiten vorab geleistet werden: Die Decke des Altbaus wurde um 1 Meter nach unten gelegt, um die Proportionen zurechtzurücken. Außerdem musste die gesamte Verrohrung des Bades erneuert werden. Da das Bad fensterlos ist, spielte auch die Lichtplanung eine wichtige Rolle. Gezielt gesetzte Deckenspots, ergänzt durch die geradlinige Spiegelleuchte, sorgen für die richtige Ausleuchtung des Raumes.

Zentrales Raumelement ist die Dusche. Eine große Regendusche verwöhnt Kinder und Gäste gleichermaßen. Die Waschtischlösung ist elegant und gleichzeitig kindgerecht. So kann der Unterschrank zum Beispiel auch als Sitzfläche genutzt werden. Noch bequemer wird es mit dem bereitliegenden Filzkissen. So lange die Kinder noch nicht an das Waschbecken heranreichen, können sie sich auf den Unterschrank stellen, um sich die Hände zu waschen. Boden und Wand wurden mit großformatigen Platten gestaltet, um ein möglichst ruhiges Fugenbild zu erzielen. Die verbliebenen Wandflächen sind verputzt worden. Das Ergebnis ist eine sehr moderne und pflegeleichte Optik.

◄ Duschen nach Herzenslust: Die große Kopfbrause macht es möglich.

▼ Edle Duschgels und Shampoos als nette Geste (nicht nur) für die Gäste.

► Die Sitzfläche neben dem Waschbecken ist für Kinder ideal.

»Dieses Bad wird unseren Kindern auch in den nächsten Jahren noch gut gefallen.«

▼

Für stimmige Proportionen wurde die Decke des Bades um 1 Meter nach unten versetzt.

▶

Der Waschtischunterschrank mit großzügigen Schubladen.

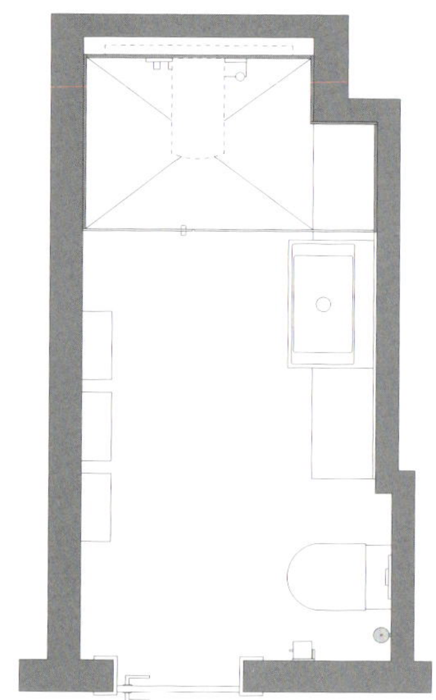

Grundriss Maßstab 1:50

Renovierung im Bestand
Badnutzer: Kinder und Gäste

Waschtisch Domovari
Waschtischarmaturen Dornbracht
WC Ideal Standard
WC-Betätigung Tece
WC-Wandeinbau-Element Keuco
Duscharmaturen Hansgrohe

Verarbeitete Materialien Caesarstone, Glasfaserverstärkter Kunststoff, Vliesoberflächen

Kosten 40.000 Euro

▶

Am Waschtisch kann man es sich mit einem Filzkissen ganz gemütlich machen.

Tokio Calling

Die Bauherren, ein kosmopolitisches Ehepaar, hatte auf seinen Reisen die Kultur der Japaner kennen- und lieben gelernt. Sie wünschten sich für ihr knapp 4 Quadratmeter kleines Gäste-WC ein Ambiente im Asia-Look, ausgestattet mit den Gadgets, die so typisch für das technikverliebte Japan sind.

Dementsprechend versetzt der ungewöhnlich eingerichtete Raum die Gäste immer wieder in Erstaunen. Dusch-WCs gehören in Japan zur Standardausstattung und wurden auch in diesem Bad installiert. Es verfügt nicht nur über alle Vorteile einer automatischen und angenehmen Reinigung des Intimbereiches. Der auf Körpertemperatur vorgewärmte WC-Sitz öffnet sich sogar selbständig, sobald man sich nähert. Nimmt man Platz, schaltet sich automatisch der Luftreiniger ein.

Auch der Waschtisch erfreut, neben seiner anspruchsvollen Gestaltung, mit technischen Spielereien. Die Beleuchtung der Waschschüssel aus Epoxidharz wird über einen Bewegungsmelder aktiviert. Die schlanke Armatur funktioniert ebenfalls berührungslos. Die Mikrosensoren, die den Wasserfluss steuern, sind im Armaturenkörper untergebracht. Die Ablage aus Naturstein ist so großzügig, dass hier die Handtaschen der weiblichen Gäste-WC-Nutzer abgelegt werden können. Den exquisiten Naturstein des Waschtisches findet man auch bei der Spülkastenverkleidung und der Fensterbank wieder. Den großen Spiegel umrahmen zwei Leuchtröhren, deren warmes Licht die idealen Voraussetzungen für ein perfektes Make-up schafft.

Doch nicht nur die technische Ausstattung spiegelt die Japan-Liebe der Bauherren wider. Der Raum beeindruckt durch seine konsequente Zurückhaltung. Nichts Lautes stört den gestalterischen Gleichklang. So wirkt auch die Farbwahl nahezu meditativ. Cremefarbene Wände treffen auf einen schwarzen Boden aus Naturstein und eine edle Lackspanndecke, ebenfalls in Schwarz. Eine Nische mit japanischen Schriftzeichen und einer Buddha-Statue sowie ein Buddha-Relief runden den asiatischen Look ab.

Renovierung im Bestand
Badnutzer: Gäste

Dusch WC TOTO
Beleuchtete Waschschüssel TOTO
Armatur TOTO
Lampen Dornbracht
Accessoires Dornbracht

Verarbeitete Materialien Feinsteinzeug Graniti Fiandre, Naturstein Pibamarmi

Kosten k. A.

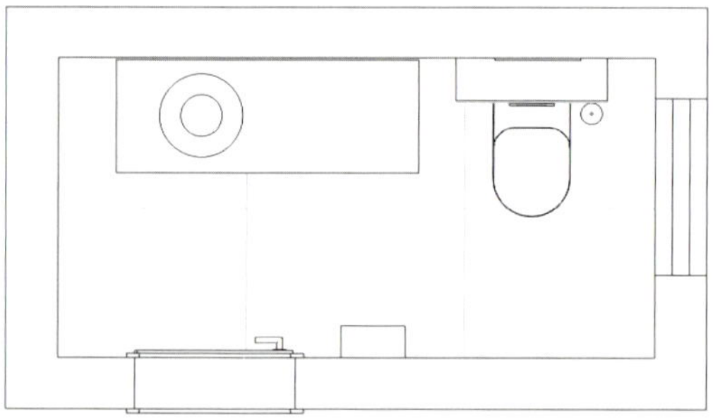

Grundriss Maßstab 1:50

◄ Das Dusch-WC funktioniert berührungslos. Der Deckel öffnet sich automatisch, sobald man sich nähert.

▼ Die Beleuchtung des Waschtisches wird über einen Bewegungsmelder ausgelöst.

► Dieses Gästebad vereint vornehmen asiatischen Stil mit komfortabler Technik. Die Waschtischarmatur funktioniert zum Beispiel berührungslos.

約翰

約翰

Klassischer Schick

Kaum zu glauben, aber dieses Bad ist nur 8,5 Quadratmeter gross. Trotzdem kommen hier eine grosse begehbare Dusche, eine Wanne und zwei Waschtische unter. Und das ganz ohne Beklemmungen.

Schlichte Eleganz trifft schnörkellose Formensprache, so lautet das Gestaltungsmotto. Dank durchgängiger Geradlinigkeit ist das Bad durch eine aufgeräumte und doch sehr wohnliche Optik gekennzeichnet. Aufgrund gelungener Aufteilung und raffiniert gesetzter architektonischer Akzente mit Abmauerungen und Nischen gewinnt der Raum Format. Eine Prise Extravaganz zeigt sich in den kleinen Details, wie den aufwändigen Fliesenprofilen.

Ursprünglich sollte die Wanne quer vor dem Fenster platziert werden, um den Raum in der Länge optisch zu verkürzen. Da die Bauherren das WC aus dem Blickfeld rücken wollten, zog die Wanne den Kürzeren und wurde in Längsrichtung installiert. Das WC fand seinen Platz zwischen Waschtischanlage und Wand und ist jetzt – zumindest auf den ersten Blick – nicht mehr zu sehen. Die Dusche schließt an die Wanne an, wird vom Wannenbereich allerdings geschickt durch einen Einbauschrank getrennt. Dieses multifunktionale Möbelstück ist eine Maßanfertigung. Die Konstruktion wurde auf einem Gerüst aus Gipskartonplatten installiert und an den Seiten verfliest. Zusätzlicher Clou: In den Seitenbereichen wurden Nischen geschaffen, die sowohl für den Duschenden als auch den Badenden weitere Ablagemöglichkeiten bereithalten.

Um die morgendliche Rush Hour zu entspannen, standen auch zwei Waschtische auf der Wunschliste der Bauherren. Diese finden jetzt im Doppelpack neben der Eingangstür Platz. Trotz der üppigen Ausstattung bleibt ausreichend Bewegungsfreiheit. Zum weitläufigen Eindruck trägt nicht nur die Raumausstattung bei, sondern auch die helle, freundliche Atmosphäre. Die hochglänzenden Möbeloberflächen, die große Spiegelschrankfläche und nicht zuletzt die Lackspanndecke, in der mehrere Leuchtspots verteilt sind, sind geschickt genutzte optische Tricks, die der Raumstimmung zugute kommen.

▼ Ein eigens angefertigter Einbauschrank trennt Wannen- und Duschbereich voneinander und schafft Platz für kleine Nischen.

▼ Die große begehbare Dusche wurde, wie alle anderen Nassbereiche, verfliest. Die übrigen Wände sind mit Malervlies tapeziert und feuchtraumbeständig gestrichen.

▼ Durch die Platzierung zwischen Waschtisch und Wand verschwindet das WC aus dem direkten Blickfeld.

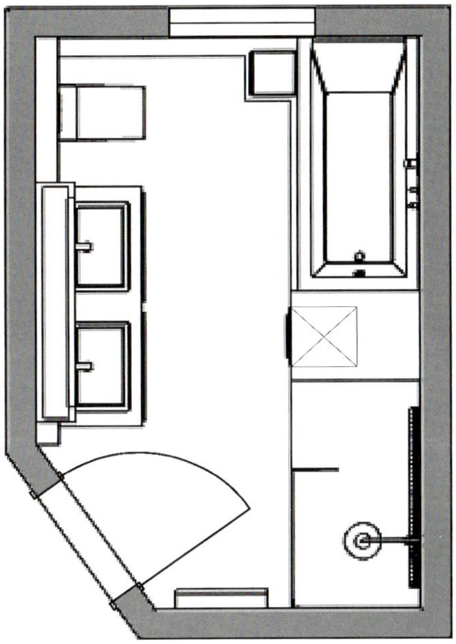

Grundriss Maßstab 1:50

Renovierung im Bestand
Badnutzer: Ehepaar

Waschtisch, Wanne, WC Duravit
Waschtischarmatur Dornbracht
Duschabtrennung Heiler
Heizkörper Kermi
Spiegelschrank Burgbad
Wannen- und Duscharmatur Hansgrohe
Einbauschrank Auf Maß gefertigt

Materialien Feinsteinzeug an Wänden und Boden, feuchtraumbeständig gestrichenes Malervlies, Lackspanndecke in Weiß glänzend.

Kosten 35.000 Euro

▼
Der Spiegelschrank bietet ideale Bedingungen für die alltägliche Badroutine. Außerdem sorgt die große Spiegelfläche für optische Weite.

▼▼
Klare Linien und sorgfältig gewählte Materialien bieten dem Auge Weitläufigkeit. Die sorgfältige Planung zeigt sich bis ins Detail – etwa bei der Verwendung von Fliesenprofilen.

»Der Schrank als Raumteiler ist eine geniale Idee.«

Uneingeschränkt schön

Zur grossen Freude der gehbehinderten Ehefrau entschied sich das Bauherrenpaar nach Jahren mit Behelfslösungen für den Umbau des 9,7 Quadratmeter grossen Bades zum komfortablen, rollstuhltauglichen Badezimmer.

In einem sogenannten barrierefreien Bad geht es um die Vermeidung von Stolperfallen, Bewegungsfreiraum und die mühelose Zugänglichkeit der einzelnen Bereiche. Ganz noch dem Motto »feel free«. Diese Dinge sind im Übrigen auch für nicht gehandicapte Personen äußerst hilfreich, denn sie erleichtern den Badalltag ungemein und sind mit guter Planung stilvoll und ohne jeden Anklang von Krankenhausatmosphäre umzusetzen.

Die Dusche wurde bodengleich eingebaut und ist somit auch mit Rollstuhl leicht zugänglich. Sie ist großzügig bemessen, sodass Wendemanöver absolut unproblematisch sind. Die Thermostatarmatur, mit der die Wassertemperatur voreingestellt werden kann, ist für die Dame des Hauses auch im Sitzen gut zu erreichen. Beim Duschen kann eine in Schienen laufende Milchglasscheibe als Sicht- und Spritzschutz vor das Fenster geschoben werden. Vier Deckenspots sorgen für eine flächendeckende Ausleuchtung des gesamten Duschbereiches.

Eine rollstuhlgerechte Zugänglichkeit ist auch am Waschtisch gewährleistet, da die flache Waschtischplatte unterfahren werden kann. An beiden Seiten beherbergen Schubladenschränke Accessoires und Handtücher. Unter dem Waschtisch plante der Badeinrichter einen Heizlüfter ein, der mit seinem Luftstrom die Beine warmhält. Der Waschtisch aus pflegeleichtem Mineralwerkstoff verfügt über eine schmale Holzfront. Das gleiche Olivenholz umrahmt auch den großen Spiegel, was den Waschtisch-Look einheitlich abrundet. Auch der über dem WC liegende Einbauschrank wurde aus dem ausdrucksvollen Holz gefertigt. Ein in die Spiegelwand integrierter, horizontal abklappbarer Spiegel sorgt dafür, dass sich die gehbehinderte Ehefrau auch im Rollstuhl sitzend betrachten und eigenständig pflegen und schminken kann.

Die durchdachte Gestaltung mit großformatigen grauen Fliesen unterstreicht die stilvolle Wohnlichkeit und rundet den Gesamteindruck harmonisch ab.

Renovierung im Bestand
Badnutzer: Ehepaar, Frau gehbehindert

Waschtisch, Spiegelschrank, Einbauschrank Roland Liegl Manufaktur
Armaturen Dornbracht
Fliesen Casa dolce Casa

Verarbeitete Materialien Mineralwerkstoff, Echtholz Olive, Lackoberflächen, Feinsteinzeug

Kosten k. A.

◄ Eine Leuchte unter dem Spiegelschrank erhellt den gesamten Waschtischbereich.

◄ Dank eines Klappspiegels kann man sich auch im Sitzen gut von allen Seiten sehen.

► Der Waschtisch kann mit dem Rollstuhl unterfahren werden.

►► Alles in Griffweite. In der großzügigen Dusche sind die Armaturen auch im Sitzen schnell zu erreichen.

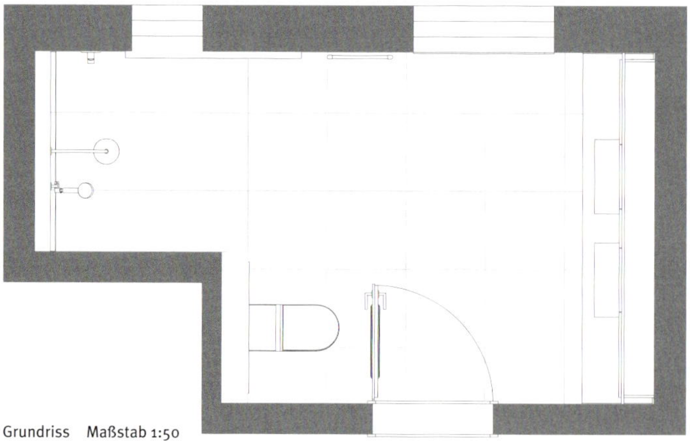

Grundriss Maßstab 1:50

Asia-Feeling

DER BAUHERR VERBRINGT EINEN GROSSTEIL DES JAHRES AUF REISEN IN ASIEN. ER LIEBT DEN ASIATISCHEN LEBENSSTIL UND DIE DORTIGE ATMOSPHÄRE. DIESES SPEZIELLE ASIEN-FEELING SOLLTE SICH AUCH IN SEINER WOHNUNG IN DEUTSCHLAND, UND DAMIT NATÜRLICH AUCH IN SEINEM 5,8 QUADRATMETER GROSSEN GÄSTEBAD, WIDERSPIEGELN.

Die Wohnung befindet sich in einer zu Wohneinheiten umgebauten Fabrik. Die hohen Wände verleihen dem großzügigen Loft ein besonderes Flair. Gerade diese Bausituation brachte die Planer auf die Idee, das Bad als eine Art Grotte zu gestalten. Aus circa 3 Metern Höhe fällt Licht wie aus weiter Ferne durch das Glasdach und erzeugt eine Atmosphäre von Geborgenheit und Intimität. Damit dieses Gefühl auch in den Abendstunden gewahrt bleibt, wurden ungewöhnliche Leuchten mit Stoffschirmen an Schienen befestigt, die bei Dunkelheit einen sanften Lichtschimmer in das Bad werfen.

Der extravagante Raum lebt nicht nur von den wunderschönen Lichtverhältnissen. Die zum Teil naturbelassenen Materialien unterstreichen die Ursprünglichkeit des Ambientes. Im Blickpunkt steht der einzigartige Waschtisch. »Einzigartig« ist wörtlich zu nehmen, denn die Waschschale besteht aus einem Flussstein, der vom Wasser zu einer sanften Schale geformt wurde. Das schwere Becken ruht auf einem massiven, nahezu naturbelassenen Holzblock, eine Kombination mit skulpturalem, fast schon meditativem Charakter. Sehr stimmig ist die Platzierung dieses Waschtisches vor einer schwarzen, halbhohen Mauer, über der sich ein bis zur Decke reichender Spiegel befindet.

Auf der gegenüberliegenden Seite wurde aufgrund der Dachkonstruktion die Decke abgehängt. Hier ist ein idealer Platz für die Dusche, die mit ihrer rauen Schmucklosigkeit das anspruchsvolle Gestaltungsprinzip optimal verkörpert.

Dachgeschoss-Ausbau in einer alten Fabrik
Badnutzer: Gäste

Waschplatz Flussstein, Sammlerstück
Armaturen CEA
WC Villeroy & Boch
Duschabtrennung, Spiegel Maßanfertigung
Fliesen Feinsteinzeug Kronos
Wände Mineralfarbe

Kosten 18.000 Euro (ohne Trockenbau und Elektrik)

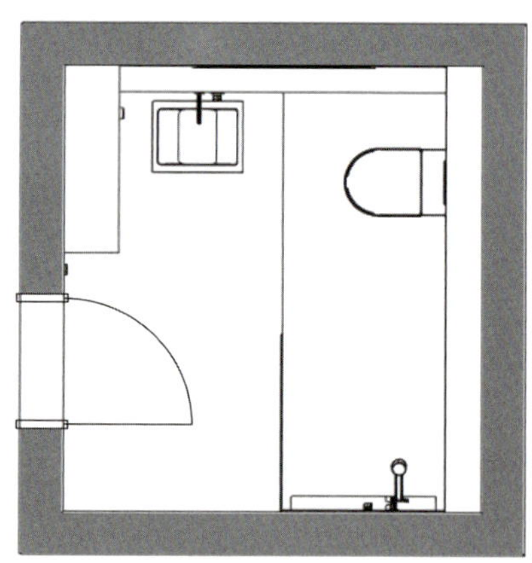

Grundriss Maßstab 1:50

◄◄
Die Lichtstimmung lässt das Bad wie eine geheimnisvolle Grotte wirken.

◄
Durch den hohen Spiegel vergrößert sich der Raum optisch.

►
Ein feiner zurückhaltender asiatischer Stil prägt dieses Gästebad.

»Eine formvollendete Komposition aus sanften Farben und besonderen Materialien.«

Ein wenig Fernweh wecken

Das neue Bad sollte edel und schick sein. Und dazu beitragen, das Fernweh der Bauherrin zu stillen. So entstand auf 7,5 Quadratmetern ein gut durchgeplantes Bad mit einem dezenten Hauch von Exotik.

Der warme Terrakotta-Ton der Wände wirkt warm und anheimelnd, ist für den Einsatz in einem kleinen Raum aber eher ungewöhnlich. Die hell verputzte Decke nimmt dem Raum die Schwere und sorgt zusammen mit einer großen Deckenleuchte und geschickt verteilten Leuchtspots für die nötige Leichtigkeit. Ungewöhnlich ist die Kombination mit schwarzer Sanitärkeramik, die sich markant vom Terrakotta-Ton der Wände absetzt. Als weitere schwarze Akzente wurden kleine Accessoires über den ganzen Raum verteilt.

Doch nicht nur die außergewöhnliche Farbgestaltung versprüht exotisches Flair. Liebevoll ausgesuchte Kleinigkeiten – wie ein von einer Indienreise mitgebrachter Tisch, ein antiker Kerzenleuchter oder ein Barockspiegel – komplettieren das aparte Ambiente.

Diese hübschen Verspieltheiten tun dem geradlinigen Bad gut, denn sie brechen die sehr pur gehaltene Gestaltung auf und verleihen dem Raum noch einmal einen ganz besonderen Look. Auch wenn auf den ersten Blick die exotischen Details besonders auffallen, so ist doch die Beschränkung auf das Wesentliche ein wichtiges Charakteristikum des Bades. Der Waschtisch ist ein bestechendes Beispiel dafür. Auf einer hellen massiven Holzplatte ruht eine kompakte, dickwandige Keramik-Waschschale. Unterhalb der Waschtischablage wurde eine zweite Ablage montiert.

Die dem Waschtisch gegenüberliegende Seite wird fast komplett von der begehbaren Dusche eingenommen. Neben dem reinen Duschbereich ist auch ein kleines Entrée vorgesehen. Hier kann man sich abtrocknen, Handtücher oder Morgenmäntel ablegen. Die Dusche selbst hält sich an das Raummotto »Schlichtheit«. Als Ausstattung reichen eine Kopfbrause und eine Stabhandbrause, als Abstellfläche dient eine gemauerte Nische.

Renovierung im Bestand
Badnutzer: Einzelperson

Armatur Cea
Waschschale Pomd'or
WC Globo

Verarbeitete Materialien Feinsteinzeug, Keramik, Putz, Holz

Kosten 24.000 Euro

◀
Ein wenig Exotik steht einem kleinen Bad sehr gut. Der Raum präsentiert sich in warmen Terrakotta-Tönen.

▶
Die hochwertigen Armaturen harmonieren auf das Schönste mit den dunklen Fliesen.

▶▶
Eine Dusche und sonst nichts – nur eine transparente Glasabtrennung, coole Designarmaturen und eine Abstellnische.

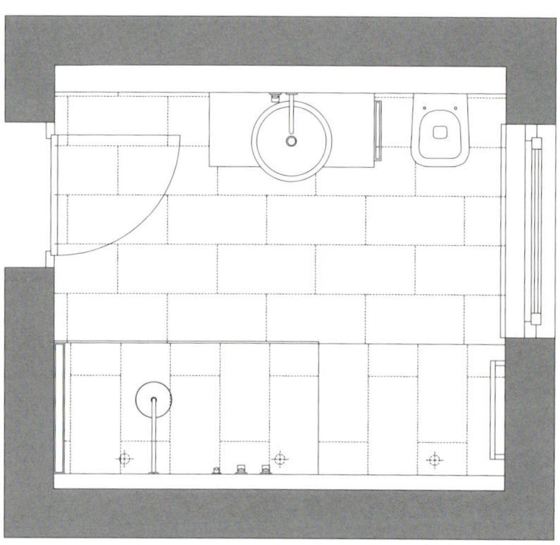

Grundriss Maßstab 1:50

▶
Gelungener Mix: Purer Waschplatz trifft auf goldenen Barockspiegel.

Funktion und Lightemotion – gutes Licht im Bad

▲
Zahlreiche Lichtquellen mit unterschiedlicher Lichtintensität sorgen dafür, dass der Raum deutlich größer wirkt.

▲
Der Diplom-Designer, Leuchtengestalter und Lichtplaner Klaus Liese beschäftigt sich seit über 20 Jahren mit dem Thema »gute Beleuchtung« in privaten und öffentlichen Gebäuden.

Wer kennt ihn nicht, diesen unbeschreiblichen schönen Moment, wenn es frühmorgens dämmert und ein neuer Tag im magischen Licht der aufgehenden Sonne beginnt. Jetzt kann man diese einmalige Stimmung aus Licht und Farbe auch zu Hause nachvollziehen. Diplom-Designer Klaus Liese erläutert, wie man sich mit modernen LED-Leuchten mit Farbwechsel und einer passenden Lichtsteuerung diese besondere Lichtstimmung ins eigene Badezimmer holen kann.

Licht ist viel mehr als nur ein einfaches Medium, das uns hilft, die Umgebung zu erkennen. Gutes Licht lässt uns Räume begreifen, Farben richtig wahrnehmen, es erzeugt Stimmungen und hat zudem Auswirkungen auf den biologischen Rhythmus des Menschen.

Morgens werden im Badezimmer die Lebensgeister für die vielfachen Aufgaben des Tages geweckt. Das Medium Licht leistet in diesem Zusammenhang mehr, als man gemeinhin denkt. So gibt es heute zahlreiche Möglichkeiten, die Lichtstimmung im Badezimmer den besonderen Bedürfnissen und Stimmungen der Nutzer anzupassen. Moderne LED-Leuchten mit Farbwechsel lassen sich mittels Taster oder Smartphone steuern und ermöglichen den Abruf einer Vielzahl von vorprogrammierten Lichtszenen – bis hin zu dynamischen Lichtverläufen. So beginnt der Morgen dann mit einem ganz langsam sich verändernden Lichtverlauf aus rötlichen warmen Lichttönen, die sich allmählich in die Richtung der Orange- und Gelbtöne verschieben, um dann schließlich im hellen blautonigen Tageslichtweiß zu erstrahlen. Dieses atmosphärische Licht weckt die Lebensgeister und verspricht einen guten Start in den Tag.

Kleiner Raum ganz groß

Das Raumgefühl in kleinen Bädern kann beispielsweise durch große Spiegelflächen oder leicht spiegelnde Spanndecken optisch vergrößert werden. Aber auch die richtige Beleuchtung spielt hier eine große Rolle. Eine Kombination aus diffuser und akzentuierender Beleuchtung lässt den Raum optisch größer erscheinen und sorgt gleichzeitig für eine angenehme Stimmung. Eine einzige Leuchte – in der Raummitte unter die Decke gehängt – reicht auch in dem kleinsten Badezimmer nicht aus.
Für eine gute Beleuchtung müssen verschiedene Lichtquellen an den passenden Stellen im Bad platziert werden, um für gutes Sehen und Lichtstimmung zu sorgen. In Vorwandinstallationen lassen sich beispielsweise beleuchtete Nischen integrieren, die die Wände auflockern und darüber hinaus ungenutzten Platz nutzbar machen. Eine weitere, leider nur selten genutzte Beleuchtungsmöglichkeit sind hinterleuchtete Glasflächen oder maßgeschneiderte Lichtvouten (in die Architektur integrierte Lichtleisten), die als Teil der Architektur wahrgenommen werden und den Raum dezent mit Licht

▲
Eine großflächig leuchtende Lichtwand lässt dieses nur 4,5 Quadratmeter kleine Innenbad trotz fehlender Fenster geräumig wirken. Die Farbigkeit kann je nach Wunsch und Stimmung eingestellt werden, bietet aber auch die Möglichkeit eines langsamen und kontinuierlichen Farbwechsels.

▲
Stabförmige Leuchten mit einer guten Farbwiedergabe sorgen für eine schattenfreie Ausleuchtung des Gesichtes, um das Schminken und Rasieren am Waschtisch bestmöglich zu unterstützen.

fluten. Diese Lösungen erfordern eine frühzeitige Planung, am besten gemeinsam mit einem erfahrenen Lichtplaner.

Bei der Auswahl der passenden Leuchten ist besonders darauf zu achten, dass eine ausreichende Grundhelligkeit im Raum erreicht wird. Empfehlenswert ist eine Beleuchtungsstärke von ungefähr 300 Lux. Schon bei der Planung muss dabei die farbige Gestaltung der Wände und des Bodens mit berücksichtigt werden, denn dunkle Flächen absorbieren das Licht und erfordern deutlich mehr Lichtstärke.

Gutes Licht an Spiegel und Waschtisch

Leider sieht man in vielen Bädern als Spiegelbeleuchtung immer noch die simple Leuchte über dem Spiegel, die unerwünschte Schatten unter Kinn und Nase erzeugt und so eher hinderlich beim Schminken oder Rasieren ist. Wer sich optimal sehen will, braucht ein gutes und vor allem schattenfreies Licht im Gesicht. Zudem sollte eine sehr gute Farbwiedergabe erreicht werden, welche die Farben naturgetreu wiedergibt, damit man beim Verlassen des Hauses nicht sein »blaues Wunder« erlebt. Erreicht wird eine gleichmäßige und schattenfreie Ausleuchtung am besten mit Licht aus länglichen, stabförmigen Leuchten, links und rechts des Spiegels. Zusätzliches Licht von oben ist hier die optimale Ergänzung. Auf den Spiegel gerichtete Spots an der Raumdecke oder rechts und links des Spiegels sollten dabei vermieden werden, um den Betrachter nicht zu blenden.

Licht wirkt!

Das Bad ist heute nicht mehr nur ein Ort für die Körperhygiene, sondern auch ein Rückzugsort, an dem man sich gerne länger aufhält, entspannt und vom stressigen Arbeitstag erholt. Hier kann gutes Licht sehr viel bewirken. Die sanft immer heller werdende und zum Wachwerden tageslichtweiße, blautonige Beleuchtung am Morgen sorgt für einen guten Start in den Tag, während warmweiße bis rötliche Töne am Abend für Entspannung sorgen und die Nutzer zur Ruhe kommen lassen, um sie so auf einen guten und erholsamen Schlaf vorzubereiten.

In die Zukunft gedacht

Die Bauherrin stellte einige Ansprüche an ihr neues 8 Quadratmeter grosses Bad: Die Wohnlichkeit spielte eine grosse Rolle und ausserdem sollte es für eine langjährige, komfortable Nutzung perfekt eingerichtet sein.

Wenn man älter wird, dann ändern sich auch die Ansprüche an die Einrichtung, speziell im Bad. Die Bewegungsflächen sollten ausreichend, die Dusche möglichst bodeneben gestaltet und der Wanneneinstieg mühelos sein. Die durchdachte Planung brachte alle diese Faktoren auf den Punkt. Realisiert wurde ein attraktives Wohnbad mit höchstem Komfort und hoher Funktionalität.

Einen großen Teil seines Charmes verdankt der Raum der Dachschräge, unter der ein behagliches Dusch-/Wannenensemble seinen Platz fand. In der großen Wanne wird Dösen und Entspannen zum besonderen Vergnügen. Der breite Wannenrand dient als bequeme Sitzfläche und kann im Bedarfsfall auch als Einstiegshilfe genutzt werden. Er wird als Sitzbank bis in die Dusche geführt. Aus baulichen Gründen musste die Dusche auf einem kleinen Sockel installiert werden. Der Waschplatz setzt auf eine Kombination aus flachem Auszug und hoher Waschschale, kombiniert mit hohem Spiegel und wirkt durch den hohen Anteil an Holz überaus wohnlich. Besonders wichtig war der Bauherrin die Anbringung einer iPod-Halterung, um ihre Lieblingsmusik auch im Bad hören zu können.

Sehr wohnlich wirken auch Wand- und Bodengestaltung. Im Bereich von Dusche und Wanne wurden leicht strukturierte Fliesen in Beige verlegt, ergänzt durch gleichfarbige, großformatige Bodenfliesen. Vor den weiß verputzten Wänden kommen die dunklen Holzmöbel besonders gut zur Geltung. Das Thema Holz greifen auch die Jalousien auf. Die warmtonigen Lamellen schützen vor ungewollten Einblicken und lassen trotzdem Tageslicht in den Raum.

Besonderer Wert wurde auf die Lichtplanung gelegt. Deckenspots, verstellbare Strahler und Bodenleuchten, die getrennt voneinander geschaltet werden können, leuchten jeden Funktionsbereich gut aus. So ist eine behagliche Lichtstimmung garantiert und gleichzeitig wird für Orientierung gesorgt.

► Beim Waschtisch wurde auf jedes Detail geachtet. Sogar an eine iPod-Halterung rechts neben dem Spiegel.

▼ Kleine Accessoires sorgen für Wohlfühlmomente.

▼ Die Wanne ist eine Maßanfertigung. Der breite Wannenrand bietet sich auch als Sitzfläche in der Dusche an.

▼ Die Bauherrin legt großen Wert auf die Auswahl von exquisiten Dekorationen.

»Wohnlichkeit und Funktionalität gehen hier Hand in Hand.«

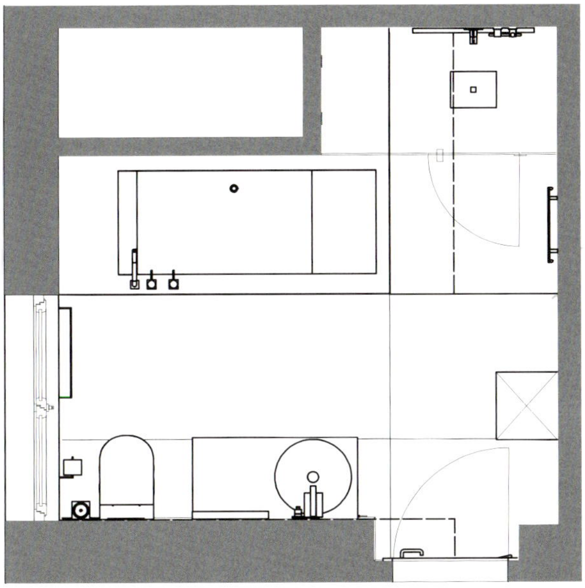

Grundriss Maßstab 1:50

Umbau
Badnutzer: Einzelperson

Möbel und Waschtisch antoniolupi
Armaturen Dornbracht
Heizkörper Tubes
Fliesen Kerlite
Mosaik Brix

Verarbeitete Materialien Holz, Feinsteinzeug, Corian, Mineralbeton

Kosten ca. 65.000

◄
Dusche und Badewanne schmiegen sich gemütlich unter die Dachschräge.

▲
Die cremefarbenen Feinsteinzeugfliesen zeigen sich mit reizvoller Struktur.

▲
Eine Dusche mit allem Komfort – Brauseregen und Sitzbank inklusive.

▼
Der Waschtischunterschrank und der hinter der Tür platzierte Hochschrank passen perfekt zusammen.

Black and White

Die elegante Welt des Art Déco lebt in diesem 6,25 Quadratmeter grossen Bad wieder auf, das ganz auf einen ausdrucksstarken Schwarz-Weiss-Kontrast setzt.

Der gestalterische Bezug auf den Einrichtungsstil der 1920er und 30er Jahre war ein Wunsch des Kundenehepaares. Das Bad sollte perfekt auf die klassische Wohnungseinrichtung mit edlen Antiquitäten abgestimmt sein. Die Umsetzung dieses Wunsches ist den Badplanern perfekt gelungen. Die Gestaltung ist durch und durch stimmig. Angefangen bei den schwarz-weißen Schachbrettfliesen über die Armaturen bis hin zu den Lichtschaltern und Steckdosen interpretiert der Raum die auserlesene Formensprache des Gatsby-Zeitalters auf zeitgemäße Weise.

Dabei werden ganz moderne Bedürfnisse natürlich nicht außer Acht gelassen. So musste zum Beispiel die Waschmaschine im Bad untergebracht werden. Sie ist auf den ersten Blick nicht zu sehen, denn sie verbirgt sich hinter einer hochglanzlackierten Falttür unter der Waschtischplatte. Der Waschtisch ist sehr zurückhaltend gestaltet. Ein rechteckiges Becken wurde in eine auserlesene Schieferplatte eingelassen. Der Raum unterhalb des Beckens bietet frei zugängliche Ablagen für Handtücher. Ein Spiegel mit Lichtrahmen sowie ein Kosmetikspiegel ergänzen den Waschplatz. Die Wanne wird zum Baden und Duschen genutzt. Als Spritzschutz dient ein schwerer Duschvorhang. Eine Duschabtrennung wäre hier ein Stilbruch gewesen. In direkter Griffweite hält ein Designheizkörper vorgewärmte Handtücher bereit.

Das durchdachte Lichtkonzept mit einer sanft strahlenden Deckenleuchte und hell leuchtenden Wandlampen lässt völlig vergessen, dass dieses Bad keine Fenster hat.

»Das Bad ist perfekt auf unseren Einrichtungsstil abgestimmt.«

◄ Genau richtig für Duschfans: eine runde Kopfbrause, ergänzt durch eine elegante Stabhandbrause.

▼ Die Wanne steht nicht nur zum Baden bereit. Dank ergänzender Ausstattung wird sie zur vollwertigen Dusche, die bei Bedarf von einem Duschvorhang verschlossen wird.

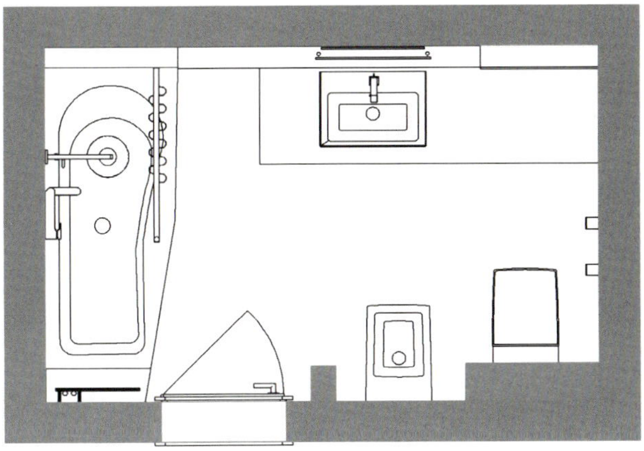

Grundriss Maßstab 1:50

Renovierung im Bestand
Badnutzer: Ehepaar

Waschbecken/WC Duravit
Armaturen Hansgrohe, Grohe
Wanne Bette
Heizkörper Zehnder
Schleuderschiene Gardinia
Duschvorhang Interfrotta

Verarbeitete Materialien Naturstein, Schiefer, Keramik, Stahl/Email

Kosten 38.000 Euro

▼
Das Bad als Hommage an den Art déco im klassischen Schwarz-Weiß-Kontrast und mit stilgerechten Details.

▼▼
Die maßgefertigte Waschtischplatte aus Schiefer wirkt äußerst edel. Hinter der weißen Tür verbirgt sich eine Waschmaschine.

Minibad mit großem Anspruch

So gross kann klein sein. Tatsächlich ist dieses Bad nur 4,13 Quadratmeter gross und das im ungünstigen Schlauchformat. Ein durchdachter Entwurf verwandelte das Minibad in einen anspruchsvollen Wohlfühlraum mit überraschenden Lösungen.

Auf so kleinem Raum war der Wunsch der Bauherrin nach der Einplanung von Wanne und Dusche eine echte Herausforderung. Die ebenso schöne wie praktikable Lösung: Der Eingang wird zur Dusche, die Wanne wandert an das Raumende. Man durchquert also den Duschbereich, um ins Bad zu gelangen. Eine Glasschiebetür ist Eingangstür und Spritzschutz in Personalunion. Zum Bad hin verhindert eine faltbare Glas-Duschabtrennung eine Überschwemmung beim ausgiebigen Brausebad. Jetzt kann sich die Bauherrin unter der großen Kopfbrause genüsslich entspannen.

An die Dusche schließt das WC an. Der darauffolgende Waschplatz auf derselben Seite macht sich ganz schmal. Das attraktive Modell bietet ein kleines, aber recht tiefes Becken und zusätzlich Ablagefläche. Die Armatur ist aus Platzgründen seitlich am Becken montiert. Komplettiert wird das Ensemble mit einem Unterschrank und einem passenden Spiegel. Die kleine, aber feine Design-Badewanne passt perfekt unter das Fenster. Bei aller Kompaktheit bietet sie ausreichend Platz, um sich beim Baden auszustrecken.

Dem Raum tut auch die durchdachte Farbgebung gut. Im vorderen Bereich spielen großformatige dunkelbraune Wandfliesen eine wichtige Rolle. Das Mosaik der ebenerdigen Duschtasse findet man im Wannenbereich wieder. Fliesen und Mosaik bilden einen schönen Kontrast zu den weiß verputzten Wänden. Die harmonische Wirkung wird durch das einfallende Tageslicht sanft unterstrichen. Weitere Lichtquellen sind Deckenspots und die Leuchte über dem Spiegel. Ein kleines Bad, das wirklich keine Wünsche offen lässt.

◄ Der Waschtisch macht sich schmal, bietet aber trotzdem Ablagefläche.

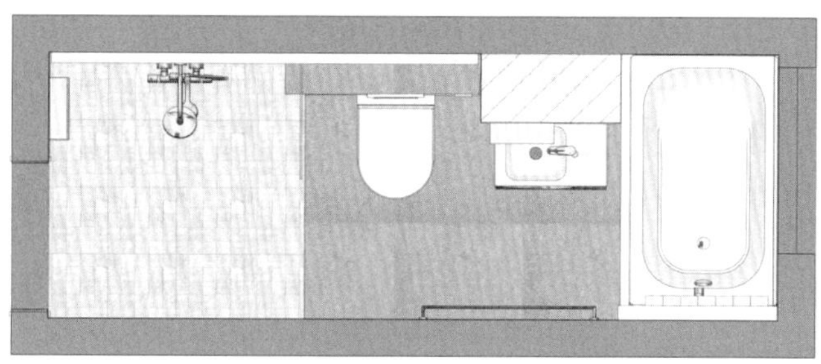

Grundriss Maßstab 1:50

Renovierung im Bestand
Badnutzer: Einzelperson

Waschtisch, Möbel Keramag
Duschabtrennung und Glasschiebetür Heiler
Wandputz Volimea
Fliese Coem
Wanne Bette
Kosten k. A.

▶

Die Duschabtrennung kann einfach weggeklappt werden und macht den Weg ins Bad frei.

Vitamincocktail für's Bad

Sonniges Orange ist ein echter Muntermacher. Dementsprechend bringt die Gute-Laune-Farbe auch dieses 7,4 Quadratmeter grosse Dachbad in Schwung.

Viele Bäder kleiden sich heute in zeitlos-elegantes Grau oder in dezente Naturtöne. Orange als Interiorfarbe wird – gerade im Bad – eher selten gewählt. Das ist schade, denn dieses Dachbad zeigt, wie die heitere Farbe einen Raum beleben kann, ohne Reminiszenzen an Pop-Art und Hippiekultur wachzurufen. Außerdem bringt die farbenfrohe Gestaltung jeden Morgenmuffel in Schwung. Die Bauherren sind sehr zufrieden mit der ungewöhnlichen Farbwahl, die wie ein belebender Vitamincocktail wirkt.

Die Funktionsbereiche wurden mit sonnig leuchtenden Mosaikfliesen gestaltet. Die große, nahezu schwellenlos geplante Dusche und der geradlinige Waschtisch kommen vor diesem Hintergrund besonders gut zur Geltung. Doch nicht nur die ungewöhnliche Farbwahl macht den Raum zu einem attraktiven Hingucker. Die freigelegten dunklen Dachbalken sind ein ebenbürtiger Gegenspieler für das auffallende Orange. Sie verleihen dem Raum nicht nur Struktur, sondern sorgen für einen nicht zu unterschätzenden Gemütlichkeitsfaktor. Der starke Kontrast zwischen orangen Farbflächen und Dachbalken wird durch weiß verputzte Wände zurückgenommen und harmonisiert.

Doch nicht nur die Dachbalken zeigen sich in kleidsamem Schwarz. Der Waschtischunterschrank und das schmale Einbauregal, das maßgenau unter den Kniestock passt, greifen den dunklen Farbton ebenso auf wie der Boden mit seinen dunklen Wenge-Dielen. Wenn die indirekte Lichtquelle angeschaltet wird, scheint der Waschplatz fast zu schweben. Licht ist in diesem Bad überhaupt ein weiterer wichtiger Gestaltungsfaktor. Geschickt platzierte Leuchten setzten nicht nur den Waschtisch, sondern auch die Dachbalken in Szene.

»Unser oranges Bad macht einfach gute Laune.«

▼ Gut gemischt: Im Zusammenspiel ergeben rote, dunkelrote und gelbe Mosaike ein sattes Orange.

▼ Das Bauherren-Ehepaar liebt Mosaike und ließ in der Dusche und am Waschtisch die Mosaiksteinchen großflächig verlegen.

► Die schwarzen Dachbalken bilden einen schönen Kontrast zur modernen Ausstattung und der ungewöhnlichen Farbwahl.

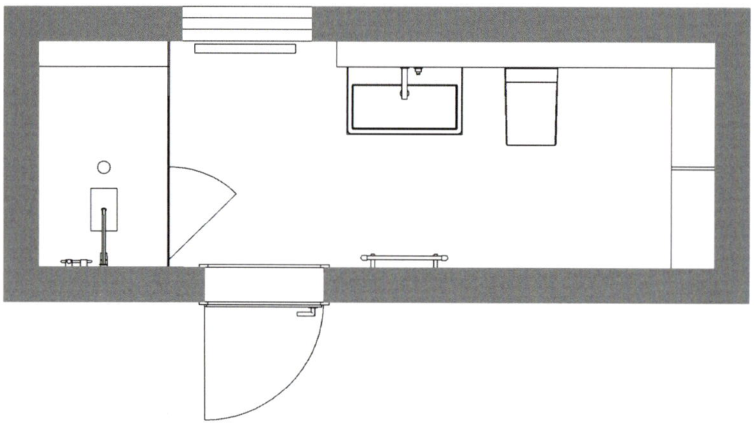

Grundriss Maßstab 1:50

Ausbau Dachgeschoss
Badnutzer: Familie

Keramik Duravit, Linea Beta
Duschwanne Bette
Armaturen Steinberg
Wandbelag Sicis-Mosaik
Möbel Schreiner

Verarbeitete Materialien Holz, Mosaik

Kosten 35.000 Euro

▼
Als Maßanfertigung passt das Einbauregal perfekt unter die Dachschräge.

►
Schwarz, Weiß und Orange ergänzen sich in diesem Dachbad perfekt.

▼
Orange holt die Sonne ins Bad.

Refugium unterm Dach

RÄUME UNTER DER DACHSCHRÄGE PUNKTEN DURCH EINEN UNSCHLAGBAREN BEHAGLICHKEITSFAKTOR. DESHALB LIESS DIE BAUHERRIN UNTER DEM HEIMISCHEN DACH ZWEI ZIMMER ZU EINEM 9 QUADRATMETER GROSSEN REFUGIUM ZUSAMMENLEGEN.

Tagsüber setzt der Raum auf Tageslichtversorgung durch die drei Dachfenster. Wenn es dunkel wird, übernehmen Deckenspots und Spiegelbeleuchtung. Ein separater Schminkplatz war ein Herzenswunsch der Kundin. Dieser wurde unter der Dachschräge platziert, was ideale Lichtverhältnisse für das optimale Make-up gewährleistet. Ein großer Spiegel und eine Ablage bieten darüber hinaus reichlich Platz für alle benötigten Utensilien. Daneben befindet sich ein großzügiges Regal, das auch sehr gut in einen Wohnraum passen würde.

Überhaupt wurde sehr viel Wert auf Wohnlichkeit gelegt. Davon zeugen ein kleines elegantes Sideboard unter der Schräge sowie die transparenten Philippe-Starck-Stühle. Zur Harmonie des Raumes trägt auch die zurückhaltende Farbgestaltung bei. Der Boden und die Dusche sind mit hellgrauen Feinsteinzeugfliesen belegt. Der Grauton wiederholt sich bei den Möbeln. Die übrigen Wandflächen wurden glatt gespachtelt und gestrichen.

Der Schminkplatz machte eine alternative Lösung für den Waschtisch notwendig. Ungewöhnlich, aber sehr effektvoll fand daher eine Waschtischsäule mit frei stehender Standarmatur in der Mitte des Raumes Platz. Wanne und Dusche bilden ein attraktives Ensemble an der dem Schminktisch gegenüberliegenden Wand. Von der Wanne aus hat die Badende freien Blick in den Himmel. Ein idealer Ort zum Entspannen und Seele baumeln lassen. Für erfrischende Brausebäder bietet sich die frei begehbare Dusche an.

»Die elegante Waschtischsäule ist die perfekte Ergänzung zum Schminktisch.«

▶ Neben der frei begehbaren Dusche bietet ein Handlauf viel Platz für Handtücher.

▶ Liebevolle Dekorationen setzen das i-Tüpfelchen auf die Gestaltung.

▼ Passend zum Waschtisch hat auch die Armatur in Platin-matt eindeutiges Star-Appeal.

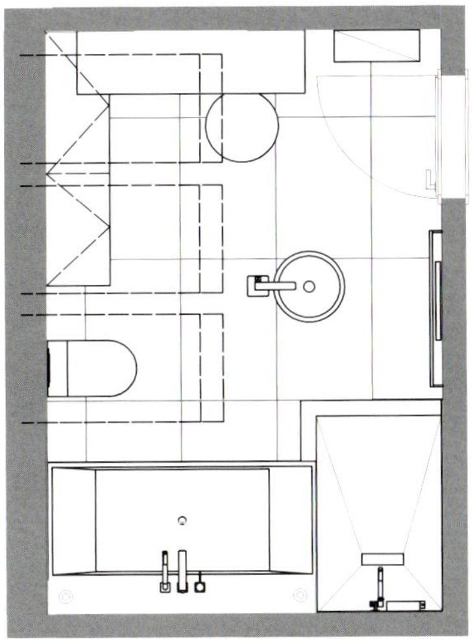

Grundriss   Maßstab 1:50

▶
Der Waschplatz übernimmt in diesem Dachbad eine Rolle als Solist.

▼
Einen solchen Schminkplatz wünschen sich viele Frauen.

Renovierung im Bestand
Badnutzer: Einzelperson

Waschtischsäule   antoniolupi
Armatur   Dornbracht
Wanne   individuelle Anfertigung aus Mineralbeton: Dreyer

Verarbeitete Materialien   Feinsteinzeug

Kosten   40.000 Euro

Reine Männersache

5,12 Quadratmeter – das ist genau 2,68 Quadratmeter kleiner als das deutsche Durchschnittsbad. Das charmante Herrenbad zeigt, wie auch in unterdurchschnittlichen Raumverhältnissen überdurchschnittliche Architektur entstehen kann.

Minimale Raumverhältnisse verlangen planerische und gestalterische Konsequenz. Und das bedeutete in diesem Fall Beschränkung auf das Wesentliche – und das auf höchstem Niveau.

Der Bauherr erwarb das Haus bereits vor acht Jahren. In dieser Zeit wurde ein Großteil des Gebäudes renoviert. Nun stand die Modernisierung des Bades an. Badewanne, Dusche, Waschtisch und WC waren nicht nur alt, sondern auf beengtem Raum auch einfallslos installiert. Wahrlich keine Einladung zum Wohlfühlen.

Da es keine Ausweichmöglichkeiten in andere Räume gab, musste mit den gegebenen Raumverhältnissen geplant werden. Für den knapp bemessenen Raum wurde die perfekte Lösung für die vom Bauherrn gewünschte lockere Raumaufteilung und große Bewegungsfreiheit gefunden: Jetzt fügt sich eine frei begehbare Dusche passgenau in den Raum neben der Eingangstür. Zur Armaturenausstattung gehören eine große Kopfbrause sowie eine Handbrause. In die Wand wurde eine große Nische eingelassen, die als Ablagemöglichkeit für Duschlotionen oder Shampoos fungiert. Deckenstrahler leuchten die Dusche bei Bedarf aus.

Der Dusche gegenüber wurde ein nobles Waschtischensemble installiert. Waschtisch und Dusche schließen auf derselben Breite ab, was die Symmetrie des Raumes unterstreicht. Zur Außenwand hin wurde die Mauer ein wenig nach vorne gerückt. So entsteht durch planerisches Können die gewünschte Raumtiefe. Der Waschtisch wirkt trotz seiner Größe nicht überladen, was zum einen an der geradlinigen Gestaltung und zum anderen an den glänzenden Möbeloberflächen liegt. Neben dem Waschbecken bietet eine große Ablagefläche weiteren Stauraum. Der Spiegelschrank sorgt für optische Weite, ebenso wie die transparente Duschabtrennung.

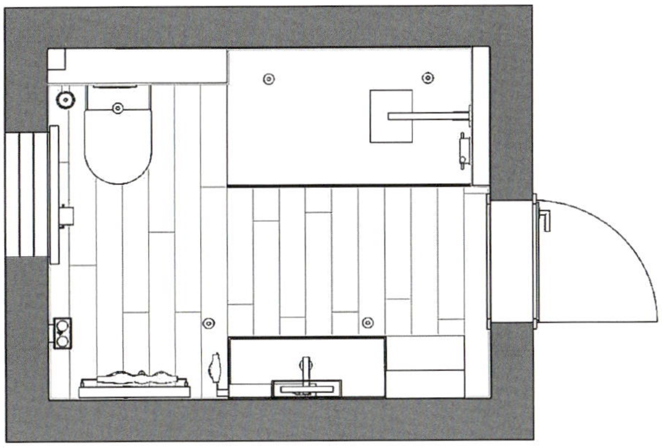

Grundriss Maßstab 1:50

»Die 5,12 Quadratmeter wurden optimal genutzt.«

Renovierung im Bestand
Badnutzer: Einzelperson

Duschtasse Repabad
Armaturen Dornbracht
WC Toto
Waschtischanlage Idea
Spiegelschrank HSK
Feinsteinzeug Graniti Fiandre
Parkett Marfi
Beleuchtung Bernd Beisse
Kosten k. A.

◄◄
Der großzügige Waschtisch zeigt sich im gleichen geradlinigen Stil wie die Dusche. Für die Lichtgestaltung spielen verstellbare Deckeneinbauleuchten eine wichtige Rolle.

◄
Die bodenebene Dusche gewährt komfortablen Einlass ins Duschvergnügen. Der puristische Heizkörper hält vorgewärmte Handtücher bereit.

►
Geöltes Eichenparkett holt Wohnatmosphäre in den streng durchgeplanten Raum. In den Spritzbereichen wurden Feinsteinzeug-Wandfliesen im großflächigen Format 150 × 75 Zentimeter verlegt.

Stilvolle Gastfreundschaft

Ein kultiviert eingerichtetes Gästebad spiegelt die Gastfreundschaft der Hausherren wider. Dass auch mit nur wenigen Mitteln ein besonders stilvoller Raum für die Gäste entstehen kann, zeigt dieses gelungene Beispiel auf 8 Quadratmetern.

Als leidenschaftliche Gastgeber empfangen die Bauherren häufig Übernachtungsgäste, denen im Souterrain des Hauses ein eigener Bereich zur Verfügung steht. Der Philosophie der Gastgeber entsprechend, sind Gästezimmer und -bad als anspruchsvolle Wohlfühlräume gestaltet. Nicht nur das in den Raum fallende Tageslicht lässt den Bereich hell und freundlich wirken, besonders beeindruckend ist die Gestaltung des Bades als Raum im Raum. Der Badbereich ist nur durch Glas vom Gästezimmer getrennt.

Die Einrichtung konzentriert sich auf das Wesentlichste. Diese Reduzierung auf Dusche, Waschtisch und WC ist ein klares Statement. Doch die Konstruktion wirkt keineswegs kalt oder steril. Das Eichenparkett zieht sich vom Schlafraum bis in den Badbereich, woraus ein überaus wohnlicher Eindruck resultiert. Der imposante Spiegel mit massivem Holzrahmen und der skulpturale Waschtisch unterstreichen diesen Effekt. So vergisst man beinahe, dass man sich in einem Bad befindet.

Ein Drittel des Badezimmers nimmt die Dusche ein. Auch hier gilt das Motto: So viel wie nötig, so wenig wie möglich. Als Bodenbelag wurden große Natursteinplatten verwendet. Die Waschtischskulptur zitiert den Natursteinboden der Dusche und schafft so eine optische Verbindung zwischen den beiden Bereichen. Dabei verkörpert der Waschtisch mit seinem geradlinigen Becken und der Stauraumaussparung puren Minimalismus. Dieses Prinzip gilt natürlich auch für die Armaturen und Accessoires in matt gebürstetem Edelstahl. Die an der Rückwand platzierten, ebenfalls äußerst reduzierten Lampen leuchten das gesamte Bad stimmungsvoll aus.

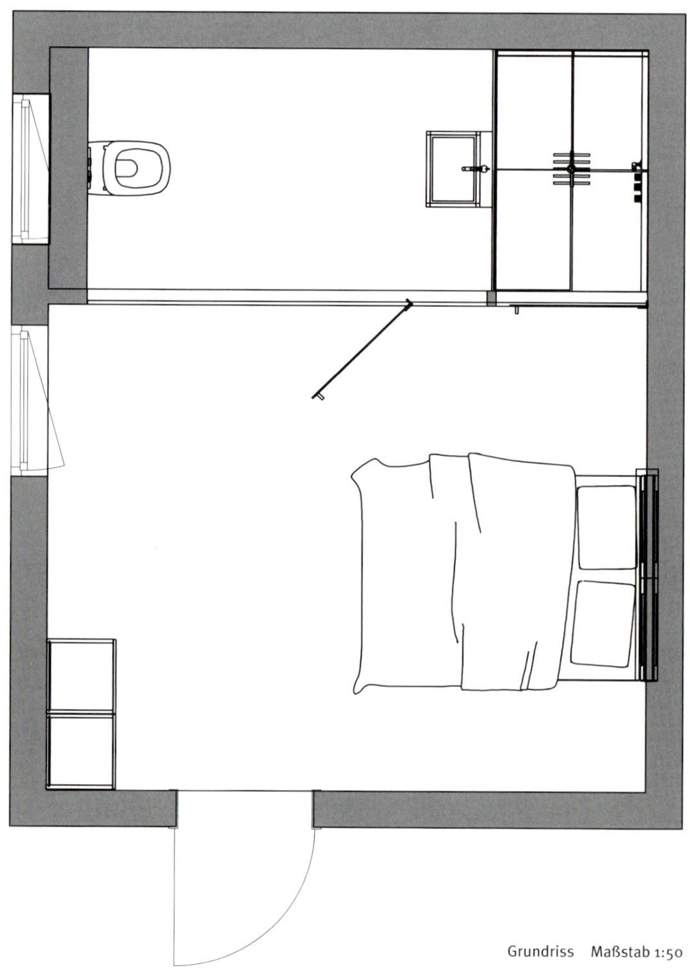

Grundriss Maßstab 1:50

Umbau im Bestand
Badnutzer: Gäste

Waschtisch Sign
Armaturen Vola

Verarbeitete Materialien Parkett, Glas, Naturstein in der Dusche

In Zusammenarbeit mit artifex, Michael Schmiemann

Kosten k. A.

▲
Armaturen und Accessoires sind aus poliertem Edelstahl.

▶
Der eindrucksvolle Waschtisch aus Naturstein wirkt wie eine Skulptur.

▶▶
Reduziert und doch wohnlich: Minimalismus at its best.

Liebe auf den zweiten Blick

Auf den ersten Blick wirkt dieses 7,3 Quadratmeter grosse Bad sehr zurückhaltend. Doch beim genauen Hinsehen entdeckt man feinste Details, die jeden Aufenthalt zu einem Vergnügen machen.

Der Raum ist ein Fest der Materialien. Die Wände wurden mit einem ausdrucksstarken wasserfesten Marmorputz versehen. Er überzeugt durch seine plastische Optik, ohne aufdringlich zu wirken. Dazu wurden Fliesen in einem warmen Naturton kombiniert. Sie nehmen mit ihrem wunderschönen geprägten Dekor dem klar strukturierten Raum etwas von seiner Strenge. Die Bodenfliesen stammen aus demselben Fliesenprogramm und überzeugten die Bauherren vor allem durch ihre angenehme Oberfläche. Die dezidierte Materialwahl spiegelt den hohen Anspruch der Bauherren wider, die großen Wert auf die Haptik und Natürlichkeit der Oberflächen legten.

Sehr durchdacht ist auch die Lichtplanung: Die abgehängte Decke ist bis zur Dachschräge durchgezogen worden und bietet somit im entstandenen Überstand Platz für eine Leuchtstoffröhre, die über die Schräge sanftes, indirektes Licht in den Raum abgibt.

Ebenso sorgfältig wie das Material wurden die Sanitärobjekte ausgesucht. Das attraktive Furnier des geradlinigen Waschtischunterschranks bricht die Strenge der Gestaltung auf. Die neben dem Waschtisch platzierte Dusche verzichtet auf optischen Schnickschnack und überzeugt mit hochwertiger Ausstattung. Unter die kleine Dachschräge schmiegt sich eine komfortable Eckwanne, die ganz besonders vom indirekten Lichteinfall profitiert.

Auch das WC zeigt seine Qualitäten erst auf den zweiten Blick. Es handelt sich nämlich um ein Dusch-WC, das den Benutzer mit Wasser reinigt.

◄ Die Wanne schmiegt sich platzsparend in die Ecke. Dass sie sich unter der Dachschräge befindet, erhöht den Gemütlichkeitsfaktor enorm.

▼ Die kleine Nische über der Wanne ist die einzige Verspieltheit, die sich dieses Bad erlaubt.

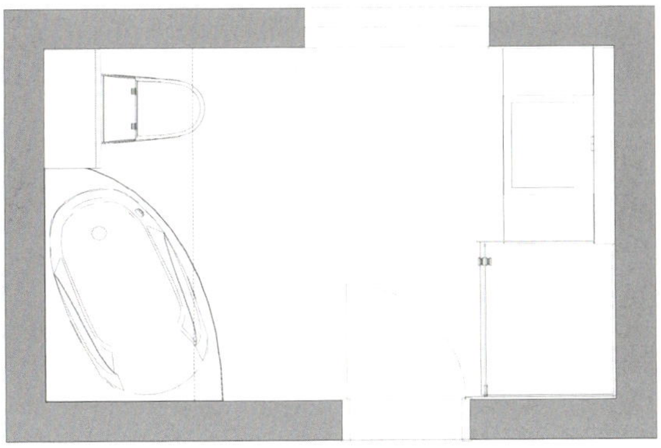

Grundriss Maßstab 1:50

Renovierung im Bestand
Badnutzer: Ehepaar

Waschtisch antoniolupi
Duschwanne Bette
Armatur Dornbracht
Wanne Riho
Dusch-WC Geberit
Schrank Keuco
Einbauradio Gira

Verarbeitete Materialien Zementfliesen, Marmorputz

Kosten 48.600 Euro

▼
Das schlichte Corian-Becken mit seiner mattweißen, samtigen Oberfläche wurde mit einer Wandarmatur in Platin matt kombiniert.

►
Waschplatz und Dusche überzeugen neben den Funktionen auch durch ihre Materialität.

►
Was zunächst nach edler Zurückhaltung aussieht, entpuppt sich auf den zweiten Blick als Bad mit vielen Finessen.

Materialmix auf höchstem Niveau

Das Haus des Kundenehepaares steht inmitten der Bergwelt Graubündens. Mit warmen, erdigen Farben sollte im 10 Quadratmeter grossen Bad die Natur zitiert, dabei aber auch neue Materialien ausprobiert werden.

Fliesen und Keramik sind im Bad nicht unbedingt ein Muss. Das sahen auch die experimentierfreudigen Bauherren so und ließen sich auf neue Materialien ein. Vom exklusiven Ergebnis sind sie mehr als begeistert. Das Eichenparkett, das im ganzen Haus verlegt wurde, ist auch ins Bad gezogen, ebenso wie Tapeten, Mineralwerkstoffplatten und Holzjalousien. Dabei versetzt der gelungene Materialmix nicht nur optisch in Hochstimmung. Auch die Haptik wird durch die edlen Materialien angesprochen.

Schon die Eingangssituation gewinnt mit glänzend strukturierten Designtapeten an Format und Wohnlichkeit. Weiteres Material-Highlight: Der mit Leder verkleidete Waschtischunterbau, dessen erdiger Farbton effektvoll gegen das strahlende Weiß des Doppelwaschbeckens kontrastiert. Vom Eingang aus geht man direkt auf die Dusche zu. Durch ihren ebenerdigen Einbau und die fast fugenlose Wandverkleidung trägt sie visuell einiges zum Raumgewinn bei. Die frei begehbare Walk-in-Konstruktion wurde mit großformatigen Silestoneplatten verkleidet. Dieses Material besteht aus bis zu 94 % Naturquarz, ist sehr stabil und kann daher auch in ungewöhnlich großen Formaten verarbeitet werden.

Auf der gegenüberliegenden Raumseite befindet sich die Badewanne, eingelassen in einem Podest. Dieses war bereits vor dem Umbau vorhanden und durfte aus baulichen Gründen nicht entfernt werden. Die halb im Podest eingebaute Wanne aus Mineralwerkstoff wirkt jetzt, als würde sie schweben. Dieser Effekt wird noch durch die hinter und unter der Wanne raffiniert platzierte Beleuchtung unterstrichen.

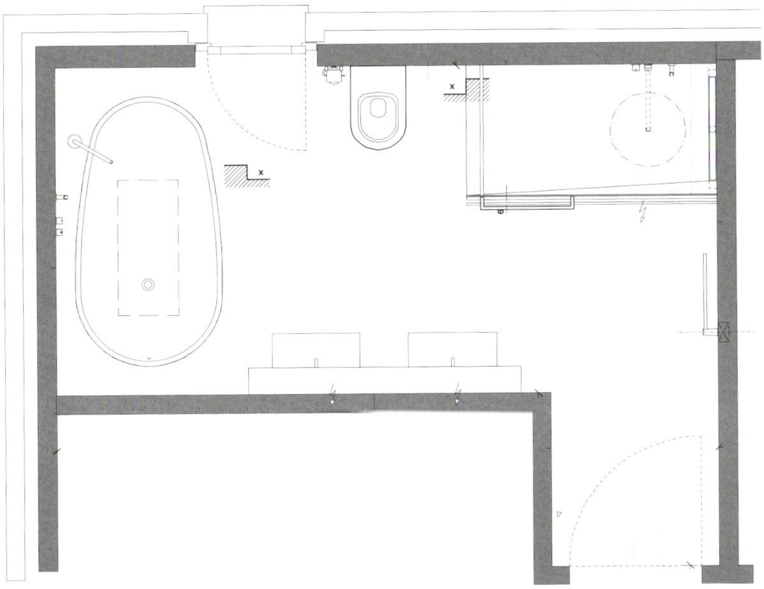

Grundriss Maßstab 1:50

▲
Das Gästebad im selben Haus präsentiert sich – ebenso wie das Masterbad – im exklusiven Mustermix.

Renovierung im Bestand
Badnutzer: Ehepaar / Gäste

Badewanne Agape
Waschtischanlage Rifra
Spiegelschrank Falper
Armaturen Vola
Tellerkopfbrause Gessi
Duschtrennwand HSK
Handtuchwärmer Vola

Gästebad:
Holzwaschbecken Sonderanfertigung
Digitale Armaturen ideal Standard
Deckenbrause Vola
Waschtischmischer Vola
Spiegel Sonderanfertigung
Dusch-WC Geberit

Verarbeitete Materialien Silestone, Tapete, Parkett, Leder, Holz

Kosten k. A.

◄
Ein Bild von einem Bad, in dem mit ungewöhnlichen Materialien – wie Tapeten, Leder oder Mineralwerkstoffplatten – aufs Schönste experimentiert wurde.

►
Der mutige Materialmix bezieht auch Designtapeten in die Badgestaltung mit ein.

Ein Bad mit Zurückhaltung

Wer mit Blick ins Grüne badet, braucht im Badezimmer keine Ablenkung. Daher wurde das zehn Quadratmeter grosse Bad farblich zurückhaltend und ganz klar eingerichtet.

Das Bad wird von Eltern und Kindern gemeinsam genutzt und bietet neben der exquisiten Gestaltung ausreichend Bewegungsraum. Dass es diskret gestaltet ist, bedeutet nicht, dass hier Langeweile aufkommt. Das Zusammenspiel von Intimität und direktem Bezug nach draußen in die Natur ist äußerst spannend. Im Mittelpunkt dieses Zusammenwirkens steht die Wanne. Das frei stehende, sanft geschwungene Modell wurde prominent vor den Fenstern platziert mit VIP-Blick ins Grüne. Wenn die Badenden einfach träumend nach oben schauen, dann fällt ihr Blick auf die glitzernden Kristalle der dekorativen Deckenleuchte (übrigens das einzige verspielte Detail im Raum).

Wie das ganze Bad ist auch die Dusche äußerst puristisch gestaltet. In der sehr großen, offenen Walk-in-Lösung kann man auch bequem zu zweit duschen. Die Glasabtrennung reicht bis zur Decke, Überschwemmungen sind im Bad also ausgeschlossen. Eine Regen- und eine Schwallbrause (Letztere lieben vor allem die Kinder) versprechen Duschgenuss. Neben den Armaturen findet sich nur noch eine Ablagenische für Shampoo & Co. Eine kleine optische Finesse bietet die Fliesengestaltung: Die rechteckige Keramik wurde in der Vertikalen verlegt, was den Raum optisch in die Höhe streckt.

Die Ausstattung des Waschplatzes ist edel, verträgt aber auch die robustere Behandlung durch Kinderhände. Dem dunkel gebeizten Holz des Waschtischmöbels machen Wasserspritzer nichts aus. Der Unterschrank wird durch einen Hochschrank in derselben Farbe ergänzt. Der intensive Holzton sorgt für einen sehr wohnlichen Aspekt im grau-weiß gehaltenen Bad.

Und damit die Eltern auch einen Rückzugsort ganz für sich haben, gestaltete der Badplaner im Obergeschoss des Hauses noch eine großzügige Wellness-Oase mit stilvollen Ruhezonen. Da die nächsten Häuser weit entfernt stehen, gibt es auch keine unerwünschten Einblicke.

»Das Bad sollte nicht in Konkurrenz zum Blick nach draußen treten.«

◄
Shampoo & Co. finden Platz in der beleuchtbaren Nische. Diese dient so nicht nur als Stauraum, sondern auch als Lichtquelle für die Dusche.

►
Wie auf einer Bühne: Die Wanne steht im Zentrum des Bades.

Neubau
Badnutzer: Familie mit zwei Kindern

Waschbecken Mastella
Wanne, Badmöbel Sign
Armaturen Fantini
WC Villeroy & Boch
Fliesen Cotto d'Este
Kosten k. A.

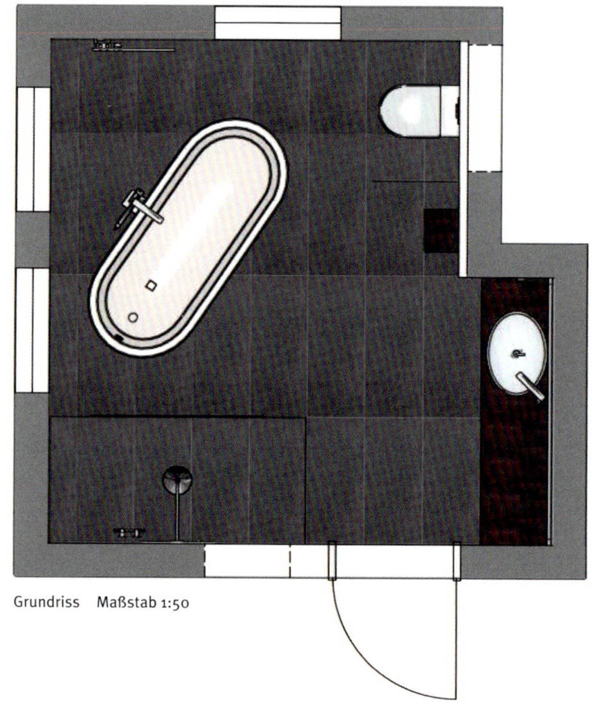

Grundriss Maßstab 1:50

▼
Der Wunsch des Kundenehepaares nach klaren Linien wurde optimal umgesetzt. Farben und Dekorationen spielen im Bad kaum eine Rolle.

▶
Die Dusche wurde – wie das gesamte Bad – sehr zurückhaltend gestaltet. Auffällig der graue Fliesenstreifen, auf dem die Armaturen thronen.

Produktwelt »Kleines Bad«

▶
Michael Schmidt entwickelt seit 15 Jahren Produkte und Möbel für das moderne Bad.

Als Produktdesigner bin ich mit meinem Büro code2design in den Bereichen Bad, Küche und Office tätig. Im Sanitärbereich haben wir für deutsche und italienische Hersteller in den vergangenen 15 Jahren verschiedenste Produkte entworfen. Mein Credo dabei lautet: »Trends aufspüren und diese in neue Produkte übersetzen.«

Aus den Augen eines Designers von Sanitärprodukten ist der Wunsch natürlich stark, dass die Badezimmer der Zukunft größer werden, diesen noch mehr Bedeutung beigemessen wird und die Interieurs noch wohnlicher werden. Aber die Realität sieht oftmals anders aus. Das deutsche Durchschnittsbad ist nur 7 Quadratmeter groß und in unseren europäischen Nachbarstaaten, vor allem in den pulsierenden Großstädten, sind sie sogar eher noch kleiner. Wohnraum wird zur Mangelware und somit verringert sich auch der Platz für jedes einzelne Zimmer. Daher heißt es sich an die Gegebenheiten anpassen und neu denken.

Vorteil aber ist: Die Erkenntnis um die Wichtigkeit des Bades als privater Rückzugsort ist deutlich vorangeschritten. Somit wird sich zwar an der Grundfläche des Badezimmers nicht viel ändern, dafür aber bei der Ausstattung. Auch ein kleines Bad kann durch die Verwendung von hochwertigen Produkten und Materialien zum persönlichen Wohlfühlraum werden.

Wenn mein Team und ich eine neue Bad-Serie entwickeln, müssen wir uns den Fakten und Realitäten stellen. Wir tun dies mit Begeisterung, denn gerade das »kleine Bad« ist für einen Designer die Herausforderung schlechthin. Je besser man mit einer Serie von Möbeln, Waschbecken, WCs, Duschen und Badewannen die 6 bis 10 Quadratmeter planen und gestalten kann, umso erfolgreicher wird diese Kollektion auf dem Markt sein.

Was sollte im Detail bei der Entwicklung von neuen Produkten für kleine Bäder beachtet werden?

Muss auf kleinstem Raum gestaltet und geplant werden, sollten die Einzelkomponenten und Elemente perfekt aufeinander abgestimmt sein, denn sie beziehen sich viel stärker aufeinander, als in einem Raum, wo der räumliche Abstand der Einrichtungsgegenstände zueinander größer ist. Aber im Gegensatz zu einer Kompaktküche, die alle Funktionen in einer Front zusammenfasst, wollen wir natürlich kein »Kompaktbad« gestalten und entwerfen. Im Bad müssen wir einen ganzen Raum bespielen und die Gesamtinszenierung der Protagonisten (Einzelkomponenten) miteinander sollte stimmig und harmonisch sein.

Dazu bedarf es der Beachtung einiger Grundregeln:

Erstens

Es müssen optische Verbindungen geschaffen werden. So entwickeln wir Produkte, die sich in ihren markanten Eigenschaften wiederholen. Diese können ganz unterschiedlicher Natur sein: ein klares Höhen- und Größenraster der einzelnen Möbeleinheiten und Waschbecken, wiederkehrende Farbelemente, gleiche Materialien etc. So entstehen räumliche Bezüge und Funktionsebenen. Gute Bespiele hierfür sind von uns entwickelte Serien, wie iCon von Keramag oder die Serien Shape und Level 45 von Falper.

Zweitens

Die Produkte in kleinen Bädern sollten nicht zu kleinteilig sein. Großzügige, einheitliche Flächen, die ggf. noch verlängert werden können, eignen sich daher ideal für kleine Bäder. Sehr gut funktioniert ein sogenanntes Lowboard (niedriger [Hänge-]Schrank, höchstens 50 Zentimeter hoch) wie bei Level 45 oder eine niedere Waschbeckenkonsole aus Naturstein, die sich dann als Sitzbank in der Dusche fortsetzt.

Drittens

Möchte man den Raum besonders groß erscheinen lassen, werden häufig großflächige Spiegel verwendet. Diesen »Trick« machen auch wir Produktdesigner uns zu Eigen. So entwerfen wir hochglänzende Oberflächen u.a. von Möbelelementen, die den Spiegelungseffekt übernehmen, wenn kein Platz für einen großzügigen Spiegel vorhanden ist. Oder wir versehen die Möbelfront gleich mit einem Spiegel als Oberfläche.

Viertens

Insgesamt sollte bei der Farbwahl von Wand und Möbelelementen darauf geachtet werden, dass die Kontraste nicht zu groß sind, damit der Raum einen homogenen und harmonischen »Look« bekommt. Daher bedenken wir beim Design immer die tatsächlichen Räume, in denen unsere Produkte zum Einsatz kommen sollen und entwerfen meist mehrere (Farb-)Varianten für den Verkauf.

▲
Eine ansprechende Zusammenführung einzelner Komponenten (iCon/ Keramag).

▲
Platz sinnvoll genutzt: Abstellfläche in den im Spiegel integrierten Regalfächern (iCon/ Keramag).

▲
Das Lowboard dient als Waschtischplatte und Sitzbank gleichermaßen (Level 45/ falper).

▲
Hochglänzende Fronten machen sich den Spiegelungseffekt zunutze (iCon/ Keramag).

Fünftens

Als Produktdesigner geht man immer auf die Sehnsüchte der späteren Nutzer und die sich verändernden räumlichen Voraussetzungen ein bei welchen das zu entwerfende Objekt in Zukunft in Funktion tritt. Dies spielt besonders bei der Entwicklung für Sanitär- oder Einrichtungsgegenstände im kleinen Badezimmer eine wichtige Rolle, weil gerade dort multifunktionale Lösungen gefordert werden. So existieren für kleine Bäder zum Beispiel mittlerweile rahmenlose Duschen oder bodenebene Duschrinnen (z.B. von ACO oder Dallmer), die einfach nur an einer Seite an der Wand eingebaut werden. Diese Produktweiterentwicklung tut der kleinen Grundfläche gut, denn dadurch kann ein einheitlicher Bodenbelag ohne Unterbrechung im ganzen Raum verlegt werden.

Trotz der Berücksichtigung vieler Aspekte bei der Gestaltung neuer Produkte, kommt es dennoch auf die spätere Umsetzung im realen Raum an. Dort spielt die Lichtinszenierung eine große Rolle für unsere Produkte, denn oft ist Licht ein stiller Helfer, um die Besonderheiten eines einzelnen Gegenstandes hervorzuheben. Ein und dasselbe Objekt, oder auch die gleiche Oberfläche, kann bei wechselnden Lichtquellen ganz unterschiedlich wirken. Moderne LED-Technik bietet nahezu unbegrenzte Möglichkeiten im Hinblick auf einstellbare Lichtszenarien.

Ein guter Badplaner weiß um die Eigenschaften der einzelnen Produkte und kann diese mit Know-how und planerischem Geschick gerecht in Szene setzen. Hierbei spielt die Kombination mit weiteren Elementen, die Platzierung der Lichtquellen und das stimmige Gesamtkonzept des kleinen Raumes eine zentrale Rolle. Es kommt also immer auf das Zusammenspiel von entwickeltem Produkt und harmonischer Inszenierung im realen Raum an.

Nostalgischer Look

DIE BAUHERREN WÜNSCHTEN SICH EIN ROMANTISCHES BAD, IN DEM DIE WANNE DIE HAUPTROLLE SPIELT. DAS ERGEBNIS IST EIN GESAMTKUNSTWERK, DAS AUF 8,9 QUADRATMETERN NOSTALGIE UND MODERNE ELEMENTE AUFS FEINSTE VEREINT.

Der romantische Stil kommt nie aus der Mode. Vor allem wenn er so gekonnt umgesetzt wird wie hier. Denn in diesem Bad überzeugt einfach jedes Detail. Stilechte Accessoires, Leuchten oder auch die Steckdosen und Lichtschalter hauchen dem Ambiente unaufdringlich Leben ein. Auffallend ist auch die liebevolle Fliesengestaltung. Keramische Fußleisten ziehen sich durch den ganzen Raum. Den Waschplatz ziert ein formvollendetes keramisches Wandpaneel. Ganz klassisch zeigt sich auch die Farbgestaltung, die sich streng an die Töne Weiß, Creme und Braun hält. Besonders wohnlich ist die Bodengestaltung: Fliesen in Holzoptik wurden wie Fischgrätenparkett verlegt.

Die Raumaufteilung mit den kleinen Nischen überzeugt ebenso wie die Ausstattung des Bades. Sie wirkt heimelig und schafft mit Leichtigkeit Privatsphäre. So fällt der Blick vom Eingang direkt auf die frei stehende Wanne, die eigentliche Hauptdarstellerin des Bades. Mit den vier prächtigen Löwenfüßen steht sie in der Tradition der viktorianischen Wannen, ist aber dank moderner Materialien ganz heutig. Für die komfortable Wasserversorgung ist eine Wandauslaufarmatur zuständig.

Der Waschtisch orientiert sich mit der typischen Standsäule und seinen geschwungenen Kanten ebenfalls an traditionellen Formen. Er wird in einer Nische vor einem Wandpaneel perfekt in Szene gesetzt. Sympathisch wirken die liebevoll ausgesuchten Accessoires, wie der rechteckige Spiegel, der von stilechten Leuchten eingerahmt wird. Auch für das WC, eine stilechte Lösung mit Spülkasten, ließen sich die Badplaner eine charmante Nischenlösung einfallen, die diesen Bereich aus dem direkten Blickfeld rückt. Für die Dusche wurde eine zusätzliche Wand im Raum hochgemauert, die pur und sehr zurückgenommen gestaltet ist. Als Ausstattung reichte den Bauherren eine Handbrause. Sie bevorzugen selbstverständlich das Entspannungsbad in der wunderschönen Wanne – Schaumberge und Champagner inklusive.

◄◄
Die Dusche zeigt sich puristisch und ganz auf ihre Funktion beschränkt. Witziges Detail: Die aus England mitgebrachte Bademattе.

◄
In der Waschtischnische werden die liebevollen Details besonders deutlich. Stilechte Steckdosen sorgen für Stromzufuhr. Wunderschön gestaltete Dekorfliesen und Fußleisten komplettieren das nostalgische Ambiente.

▼
Für jeden Funktionsbereich gibt es eine Nische. Sehr funktionell und gleichzeitig sehr heimelig.

►
Die nach viktorianischem Vorbild geschaffene, frei stehende Wanne war ein Herzenswunsch der Bauherrin.

Renovierung im Bestand
Badnutzer: Paar

WC, Waschtisch Kerasan
Wanne Victoria + Albert
Armaturen, Leuchten Axor
Spiegel Devon & Devon

Verarbeitete Materialien Keramik, Putz, Bodenfliesen in Holzoptik, Wandfliese Boisserie

Kosten ca. 30.000 Euro

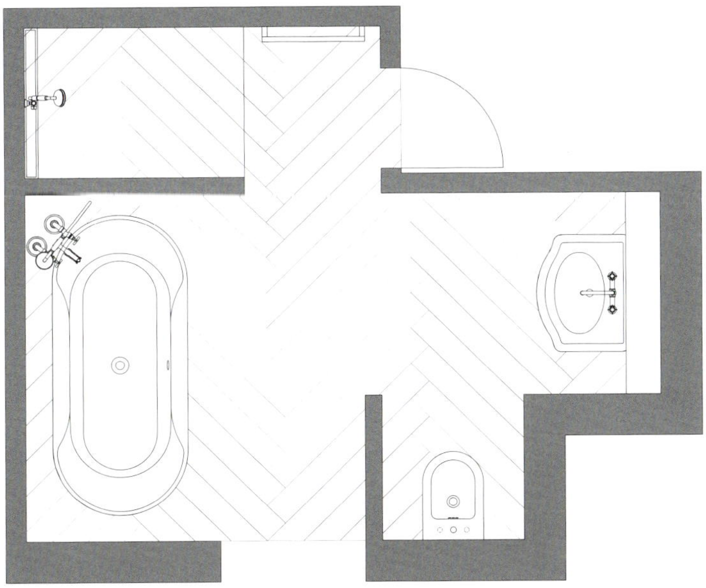

Grundriss Maßstab 1:50

Teenie-Lounge

Wenn zwei weibliche Teenager im Hause sind, dann bieten sich den Eltern morgens und abends kaum Chancen, das Bad zu benutzen. Eine kleine Wellnessoase nur für die jungen Frauen kann daher viel zum friedvollen Familienleben beitragen. Dafür ist gar nicht so viel Platz nötig, wie dieses 7,3 Quadratmeter grosse Bad zeigt.

Es scheint ein Naturgesetz zu sein: Weibliche Teenager besetzen Badezimmer stundenlang. Da die beiden Töchter der Bauherren im Alter von 17 und 18 Jahren jetzt die Chance bekamen, Wünsche für ihr eigenes Bad zu äußern, zögerten sie nicht lange und wünschten sich ein junges, modernes Bad. Die Eltern meldeten den Wunsch nach ein wenig zeitloser Eleganz an, um den Raum später selbst nutzen zu können. Die Kombination von großen Feinsteinzeugfliesen und zurückhaltender Wandgestaltung ist die Basis des aus den Wünschen resultierenden klassischen Looks. Dieser wird durch kleine, feine Materialakzente wirkungsvoll gebrochen. So sorgen Designarmaturen in Mattschwarz für coolen Schick und der Waschtischunterschrank in Bordeaux für einen intensiven Farbakzent. Eine Komposition mit außergewöhnlicher Note, die nicht nur Jugendlichen gefällt.

Die alte Wanne wurde entfernt und durch eine große begehbare Dusche ersetzt. Ein Waschtisch mit ausreichenden Abstellmöglichkeiten für Kosmetik & Co. wurde auf Wunsch der Teenies mit einem großen, gut ausgeleuchteten Spiegel kombiniert. Der Waschtisch ist so groß, dass ihn die beiden jungen Frauen auch gleichzeitig nutzen können, ohne sich in die Quere zu kommen.

Eine Herausforderung war die Integration der architektonischen Wandrundung in die Planung. Die Lösung: An der einen Seite der Rundung wird die Dusche mittels einer Vormauerung auf (Wand-)Abstand gehalten. Dieser Vorsprung kann übrigens auch als Sitz- und Ablagefläche dienen. Auf der anderen Seite öffnet sich die Dusche komplett und bietet so komfortable Zugangsmöglichkeiten. Die geräumige Maße von 140 × 90 Zentimeter verhindern auch bei (Dusch-)Regengüssen aus der überdimensionalen Kopfbrause Überschwemmungen im Bad. Die passende musikalische Untermalung für ausgiebige Duschbäder kommt aus zwei in die weiße Lackspanndecke integrierten Lautsprechern. Sie werden über Bluetooth mit der Lieblingsmusik der Teenies gespeist.

Für wohlig warme Atmosphäre ist eine Elektrofußbodenheizung zuständig. Zusätzlich gibt es einen puristischen Heizkörper, der den Raum in Übergangszeiten beheizt und Handtücher erwärmt. Ein echt cooles Bad – finden auch die Eltern.

◄◄
Die coolen mattschwarzen Armaturen fallen nicht nur durch die Oberfläche, sondern auch das ungewöhnliche Design auf.

◄
Die Deko greift den Schwarz-Weiß-Kontrast auf.

◄
Das Wasser fließt bei diesem Waschtisch einfach nach hinten weg und verschwindet in einem schmalen Auslaufschlitz.

▼
Um des schwebenden Eindrucks willen wurde der bordeaux-farbene Unterschrank mit Abstand zum Waschtisch montiert. Der breite Spiegelschrank zählt ebenfalls zu den optischen Raumoptimierern.

►►
Ein geschickter Gestaltungsschachzug integriert die Wandrundung des Raumes in den Raum. Durch die Gliederung in Schwarz und Weiß sowie eine Vormauerung in der Dusche scheint der Raum optisch breiter.

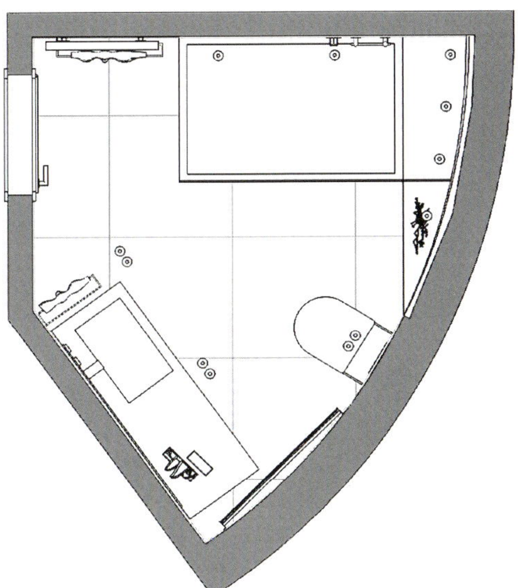

Grundriss Maßstab 1:50

Renovierung im Bestand
Badnutzer: 2 weibliche Teenager

Corianduschtasse 140 × 90 cm Hasenkopf
Glasabtrennung HSK
Armaturen matt schwarz Dornbracht
Waschtisch antoniolupi
Unterschrank antoniolupi
Spiegel Zierath
Heizkörper Bemm
Feinsteinzeug Graniti Fiandre
Lackspanndecke Ciling
Musik WHD

Materialien Corianduschtasse, Feinsteinzeug an Wänden und auf dem Boden, Lackspanndecke in glänzendem Weiß

Kosten k. A.

Ein Waschplatz stellt sich quer

Dusche und Waschplatz sollten nach dem Willen des Bauherrenpaares die Hauptrolle in ihrem neuen 10 Quadratmeter grossen Bad spielen. Ein architektonischer Kunstgriff setzt beide Bereiche jetzt optimal in Szene.

Der Waschplatz wurde durch die Platzierung in der Raumdiagonale zum erkennbaren Mittelpunkt des Bades gemacht. So wird nicht nur der Platz unter der Dachschräge geschickt genutzt. Vielmehr bietet sich hinter dieser Konstruktion ausreichend Platz für die von den Kunden gewünschte große Dusche. Graue großformatige Fliesen bestimmen den coolen Look, auf dem Boden wurde Mosaik verlegt. Dies gewährleistet nicht nur Rutschfestigkeit, sondern bietet auch optische Abwechslung. Die Sitzbank verfügt über eine beheizte Sitzfläche, was den Duschgenuss in doppelter Hinsicht noch komfortabler macht. Die Nähe zum Fenster lässt den Blick aus der Dusche nach draußen zu.

Die große, auffallende Waschtischanlage zeigt sich in makellosem Weiß, edel ergänzt durch Wandauslaufarmaturen in Platin. Der in die Wand eingelassene Spiegel mit umlaufendem Lichtband bietet – ebenso wie der beleuchtete Kosmetikspiegel – ideale Voraussetzungen für das tägliche Make-up oder die Rasur. Sehr funktionell und attraktiv ausgestattet steht der Waschplatz zu Recht im Mittelpunkt des Raumes. Immer wieder ziehen ungewöhnliche Details den Blick auf sich: Sei es der elegante Designheizkörper, der nur aus Rohren besteht, die direkt aus der Wand zu kommen scheinen, sei es der gekonnte Bruch des grau-weißen Farbkonzeptes mit den nussbaumfarbenen Möbeln, die allesamt maßgefertigt wurden. Neben der Eingangstür wurde ein flacher Schrank mit Apothekerauszug platziert, eine ideale Aufbewahrungsmöglichkeit für Kosmetika. Dazu kommen ein Wäscheabwurf in der Wand sowie ein Einbauschrank unter der Dachschräge.

Für noch mehr Wohlgefühl sorgen die integrierte Musikanlage und die unsichtbar installierte Klimaanlage.

▲
Ein Raum im Raum. Der große Duschbereich bietet neben viel Bewegungsfreiheit auch eine bequeme Sitzgelegenheit auf der beheizten Bank.

◄
Duschvergnügen garantiert. Ob als prasselnder Duschregen von oben oder sanftes Abbrausen mit der Handdusche.

►
Ein schräg im Raum platzierter Mauerblock bildet die Basis für den Waschplatz auf der einen und die Dusche auf der anderen Seite.

▼
Der Doppelwaschtisch aus Mineralwerkstoff bietet viel Platz.

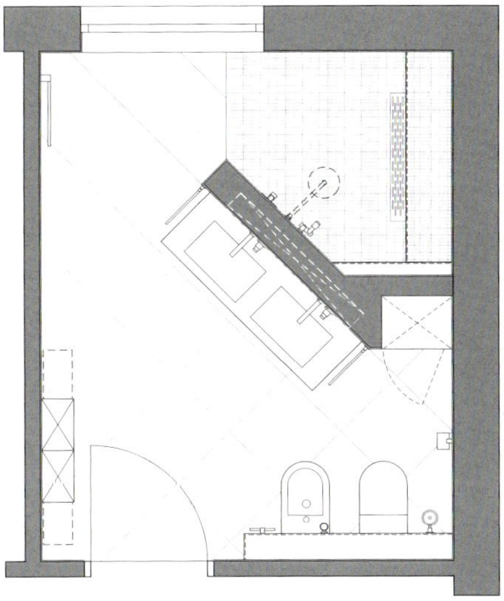

Grundriss Maßstab 1:50

Renovierung im Bestand
Badnutzer: Ehepaar

Waschtischanlage antoniolupi
Wand WC, Bidet Villeroy & Boch
Einbauspiegel, Kosmetikspiegel Emco
Badheizkörper Vola
Armaturen Dornbracht
Schränke Maßanfertigung
Linienentwässerung Dallmer

Verarbeitete Materialien Boden und Wand: Visual Carbon, Duschboden: Mosaico Velvet Ground Nero Rett

Kosten 60.000 Euro

Eine Klasse für sich

Graue Fliesen und weisse Badobjekte verleihen diesem Bad einen exklusiven urbanen Chic. Auf 9 Quadratmetern befinden sich aber nicht nur elegante Sanitärobjekte, sondern auch – ganz bodenständig – Waschmaschine und Trockner.

Nach langen Jahren mit einem Bad in Rosa und Schwarz sehnte sich das Kundenehepaar nach einem Wellness-Raum mit wohnlichem Charakter. Zeitlose Klassik sollte die modischen Experimente der 1990er Jahre ablösen. Und folgerichtig fiel die Farbwahl auf eine Kombination von unterschiedlichen Grautönen und Weiß. Beim Betreten des Bades fällt der Blick jetzt zuerst auf den Waschtisch. Dusche und WC zeigen sich auf den zweiten Blick. Damit bleibt die von den Bauherren gewünschte Privatheit gewahrt. Der Waschtisch ist mit seinem eleganten Design eine Klasse für sich und für die Hauptrolle im Bad wie gemacht. Das große Keramikbecken wird durch einen Unterschrank mit zwei großen Auszügen zum Waschplatz komplettiert. Schmale Griffe unterstreichen die Dynamik des Möbels. Weiteres Element des sehenswerten Ensembles ist ein großer Spiegel. Auch er verrät sein Geheimnis erst beim genauen Hinsehen: Es ist ein Spiegelschrank, der in die Wand eingebaut wurde.

Die komplette Neugestaltung des Bades beinhaltete auch den Wunsch, Waschmaschine und Trockner möglichst unsichtbar zu integrieren. Für die Haushaltsgeräte wurde ein kleiner Raum im Raum geschaffen, der mit eleganten Schiebetüren verschlossen wird. So muss die schwere Wäsche nicht mehr aus den Kellerräumen nach oben getragen werden.

Neben der »integrierten Waschküche« entstand eine kleine Nische, in der sich jetzt das WC befindet. Direkt gegenüber wurde die Dusche installiert. Dunkelgraue Fliesen unterstreichen den Nischencharakter, der zudem für ein ausgesprochenes Gefühl der Geborgenheit sorgt. Zur komfortablen Ausstattung gehören eine Sitzbank, eine Kopf- sowie eine Handbrause.

▶
Hinter der Schiebetür aus satiniertem Glas verbirgt sich eine kleine »Waschküche« mit Waschmaschine und Trockner.

▶▶
Über dem WC ist Platz für eine beleuchtete Deko-Nische.

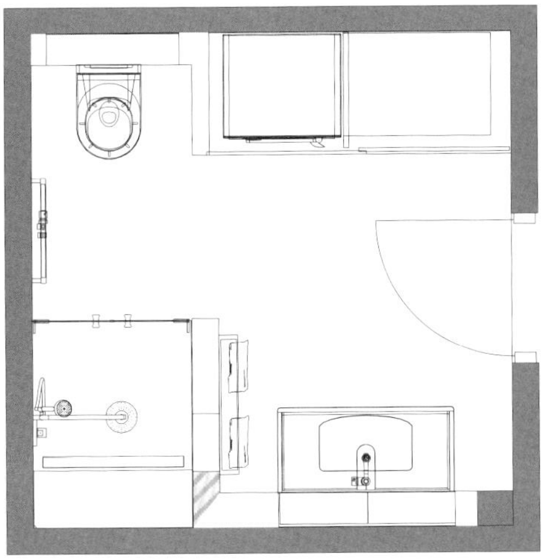

Grundriss Maßstab 1:50

»Für die Integration von Waschmaschine und Trockner fand der Badplaner die perfekte Lösung. Wir sind total begeistert.«

Umbau im Bestand
Badnutzer: Ehepaar

Waschtisch, Badmöbel Duravit
Waschtischarmatur Grohe
WC Duravit
Betätigungsplatte Viega
Duscharmatur Hansgrohe
Heizkörper Zehnder
Wand- und Bodenfliesen Mosa

Verarbeitete Materialien Feinsteinzeug

Kosten k. A.

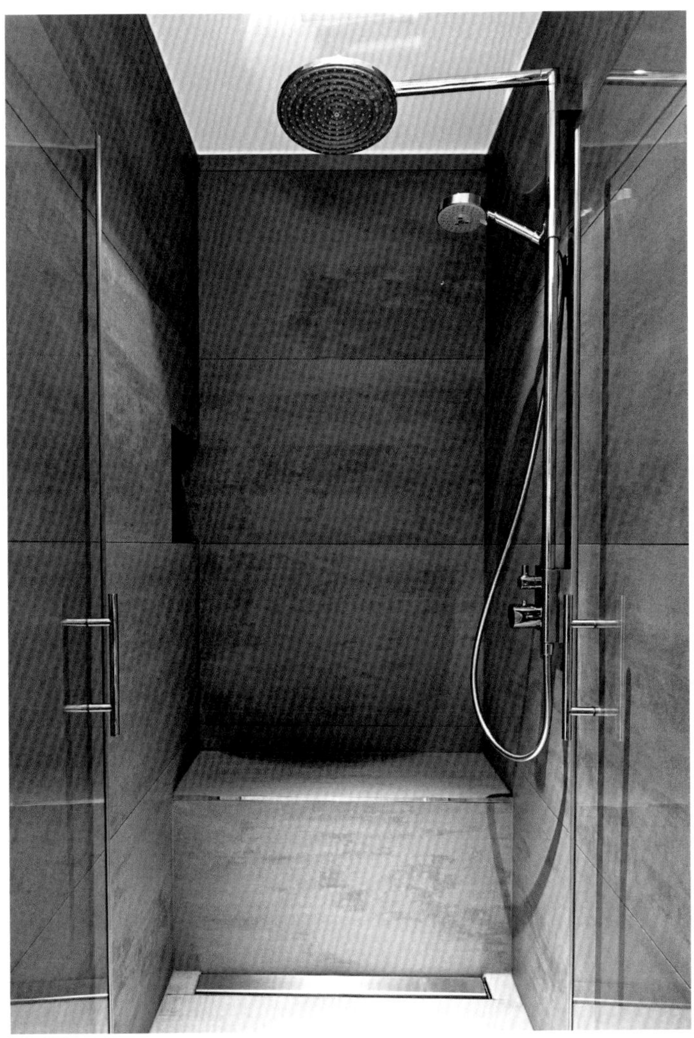

►
Die Optik der Fliesen in der Duschnische erinnert an Felsen und verstärkt so den Eindruck einer Duschgrotte.

◄◄
Der Heizkörper wird vor einer dunkelgrauen Wand in Szene gesetzt.

►►
Der elegante Waschtisch spielt eine zentrale Rolle in diesem Bad.

Dezent zeitgemäß

Auf nur 7,2 Quadratmetern wurde in diesem Dachbad ein modernes, dabei zeitloses Bad in zurückhaltender Farbgebung mit Schwerpunkt auf einem dunklen Grau realisiert.

Angst vor dunklen Farben? Die ist selbst in kleinen Bädern nicht nötig! Wer den Mut hat, dunkle Töne gezielt einzusetzen, wird mit einem stimmigen Ambiente belohnt. Zumal, wenn die Voraussetzungen so gut wie hier sind. Ein großes Bullaugen-Fenster sorgt für ausreichendes Tageslicht, das direkt auf den wunderbar schlicht gehaltenen Waschplatz fällt. Die gewölbte Decke öffnet den Raum nach oben, was für die optische Größenwirkung unschlagbare Vorteile hat. Der tiefgraue Boden und die halbhoch mit grau gefliesten Wände sind ein schöner Rahmen für Möbel und Sanitärobjekte. Vor allem der sandfarbene Waschtischunterschrank kommt hier wunderbar zur Geltung. Der Fliesenspiegel rund um die Wanne zitiert dieses sanfte Beige ebenso wie die mit beigem Putz versehene Wand neben der Eingangstür.

Die Planer hatten zunächst eine Trennung von Duschbad und Wannenbad vorgeschlagen. Das Kundenehepaar wünschte sich allerdings ein Bad, dass alle Funktionen in einem Raum vereint, denn sie wollten weder auf Duschgenuss noch auf entspannende Wannenbäder verzichten. Daher wurde der angrenzende Raum, der jetzt das Gäste-WC beherbergt, mit in die Bauarbeiten einbezogen. Der enstandene Versprung wurde für die Installation der Dusche genutzt. Sie ist ein Muster an Zurückhaltung – ausgestattet mit großformatigen, grauen Fliesen und einer unauffällig platzierten Duschrinne. Eine Schwenktür und der bodenebene Einbau gewährleisten einen schwellenlosen, komfortablen Einstieg.

Die grau verflieste Nische unter der Dachschräge wird gerne für Dekorationszwecke genutzt und durch vier Einbauspots wirkungsvoll inszeniert. Vor allem beim Baden kann man den Blick auf die hübschen, in der Nische platzierten Objekte genießen.

»Besonderer Wert wurde auf die stimmige Farbgestaltung in Anthrazit, Beigetönen und Weiß gelegt.«

◄ Eine beleuchtbare Nische wurde unter dem kompletten Kniestock eingebaut.

► Großzügige Raumhöhe und ein großes Fenster lassen das Bad trotz der Verwendung dunkler Fliesen licht und luftig wirken.

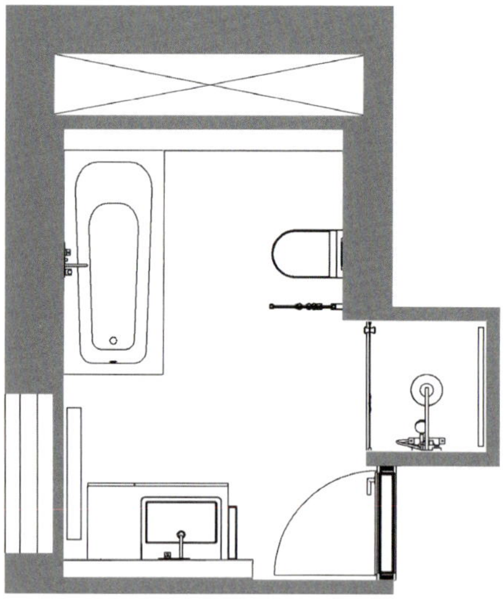

Grundriss Maßstab 1:50

Renovierung im Bestand
Badnutzer: Ehepaar

Waschtischanlage Mastella
Armaturen Dornbracht, Fantini
Wanne Kaldewei
Duschabtrennung Anfertigung vom Glaser
Duschrinne Dallmer
Wand und Bodenbeläge Mosa
Leuchten Decor Walther

Verarbeitete Materialien Feinsteinzeug, Stahlemail, Keramik, Holz

Kosten 35.000 Euro

▲
Grau, Beige und Weiß vertragen sich hervorragend – wie dieses Bad beweist.

▼
Ein Bullaugen-Fenster und eine gewölbte Decke unterstreichen die charmante Atmosphäre des Bades.

▶
Der Duschbereich präsentiert sich schlicht und funktional.

Gelungene Verbindung

Das 9,9 Quadratmeter grosse Bad sollte sich in einen Raum der Entspannung verwandeln. Doch da hatte der Denkmalschutz noch ein Wort mitzureden. Bei der Renovierung musste die historische Bausubstanz erhalten bleiben. Der Wunsch nach einer offenen Raumgestaltung konnte der Bauherrin dank perfekter Planung trotzdem erfüllt werden.

Das neue Bad präsentiert sich selbstbewusst und passt sich dabei mit leichter Hand an die historische Bausubstanz an. Alles ist auf den Charakter des Hauses zugeschnitten, interpretiert das Thema Bad jedoch sehr modern mit innovativen Materialien und unkonventionellem Design.

Der Grundriss gab die verschiedenen Funktionsbereiche vor, an denen aufgrund des Denkmalschutzes auch nichts geändert werden durfte. Im Eingangsbereich befindet sich der große Waschplatz mit Auszügen und einem Spiegelschrank. Ein alter, freigelegter Holzbalken über dem Waschtisch gewährt einen Blick in die Vergangenheit des Raumes. Direkt hinter der Eingangstür wurde ein Heizkörper montiert. Geht man weiter in das Bad hinein, passiert man die barrierefrei gestaltete Dusche. Sie ist nach einer Seite offen und verfügt über eine luxuriöse Regen-Kopfbrause.

Von der Dusche aus blickt man auf die frei stehende Wanne. Ihre geschwungene Form lässt sie trotz ihrer Größe sehr leicht wirken. Schönes Detail: Die Wand, vor der die Wanne steht, endet in einem Rundbogen, was dem Ensemble die Anmutung eines Bildes mit schönem Rahmen verleiht. Wanne und Dusche wurden auf eine minimal erhöhte Stufe gesetzt. Dies ist der Technik geschuldet, um Abwasserleitungen DIN-gerecht zu installieren.

Die leichte Schräglage der Außenwand wird durch eine Vorwandinstallation für das WC aufgefangen, in der sich Abfluss- und Wasserleitungen verbergen. Die Vorwandinstallation wird von zwei großen Fenstern mit satiniertem Glas flankiert.

Eine gelungene Verbindung, die die Gegebenheiten des Raumes sowie moderne Materialien und Design auf das Schönste verknüpft.

»Die Planung verknüpft die Gegebenheiten des Raumes mit modernem Material und innovativem Design.«

▼
Liebevolle Dekorationen sorgen für Flair.

▼
Über dem Waschplatz zeugt ein Holzbalken von der alten Bausubstanz.

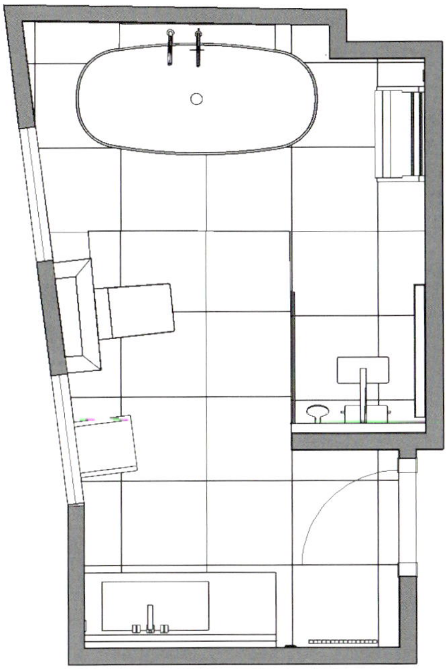

Grundriss Maßstab 1:50

Renovierung in Mietswohnung in denkmalgeschütztem Haus
Badnutzer: Einzelperson

Wanne Falper
Möbel, Waschtisch, Spiegel antoniolupi
Duschabtrennung Heiler (Sonderanfertigung)
Armaturen Wanne und Waschplatz Dornbracht
Duscharmatur Hansgrohe
Hocker Piba Marmi
Licht B.Beisse
Putz Volimea

Verarbeitete Materialien Feinsteinzeugfliese, Putz, Cristalplant, Putz Volimea

Kosten ca. 40.000 Euro

▶
Diese Wanne »fließt« förmlich aus der Wand.

▼
Verputzte Wände in den Farben Crème und Weiß wurden mit Bodenfliesen in Graubraun kombiniert.

Dampfbad mittendrin

Da ihre Kinder eine ausgesprochene Vorliebe für das nasse Element und damit verbundene Wellnesserlebnisse haben, liessen die Eltern für ihre Kids auf 9 Quadratmetern ein stylishes Bad mit Dampfdusche einrichten.

Von einem Kinderbad mit putzigen Fliesen und niedlichen Farben ist der Raum weit entfernt. Er empfängt die Nutzer in hellen, freundlichen Naturtönen. Als dominierendes Material wurde ein heller Naturstein verwendet, der bei der Bodengestaltung auf attraktives Parkett trifft. Die Gestaltung ist so geradlinig und zeitlos, dass die Kinder ihren Wellnessbereich auch in ein paar Jahren noch mit großem Vergnügen nutzen werden. Das liegt natürlich nicht allein an der attraktiven Optik. Die Dampfdusche bietet mit einem großen Regenhimmel und diversen anderen Armaturen einen echten Erlebniswert. Die Dampfbadfunktion, inklusive Farblichttherapie, dient übrigens nicht nur der Entspannung der Kids: Die sanfte Wärme mit der hohen Luftfeuchtigkeit hat darüber hinaus auch für die Gesundheit viele Vorteile. Hautprobleme und Erkältungen sind seit der regelmäßigen Nutzung des Dampfbades für die Familie überhaupt kein Thema mehr.

Gemütlich in der Ecke, neben der Dampfdusche, befindet sich eine beheizte Sitzfläche. Diese wird von den Kindern zum Ausruhen und Lesen genutzt. Des Weiteren bietet das eigens angefertigte Sitzmöbel auch noch Stauraum für Handtücher.

Ebenso wie die mit zwei Natursteinbänken ausgestattete Dusche kann auch der Waschplatz von den beiden Kindern gleichzeitig genutzt werden. So gibt es nicht schon vor Schulbeginn Streit um ausreichenden Platz zum Zähneputzen. Die Ausläufe der Armaturen befinden sich an den Seiten der Waschbecken, was noch mehr Bewegungsfreiheit bietet. Reguliert werden Wassertemperatur und -menge über ein Bedienelement an der Rückwand.

Besonders cool finden die Kids, dass sie ihre eigene Musik im Bad hören können. Der iPod wird – genau so wie das Licht – über eine Dockingstation gesteuert. Das Kinderbad ist somit also im digitalen Hier und Jetzt angekommen.

▼
Komfortabel und ästhetisch gelöst:
Die Bedienung der Armaturen wurde in der Wand installiert.

▼
Sieht schön aus und tut viel für die Gesundheit:
Das Dampfbad mit Farblichttherapie.

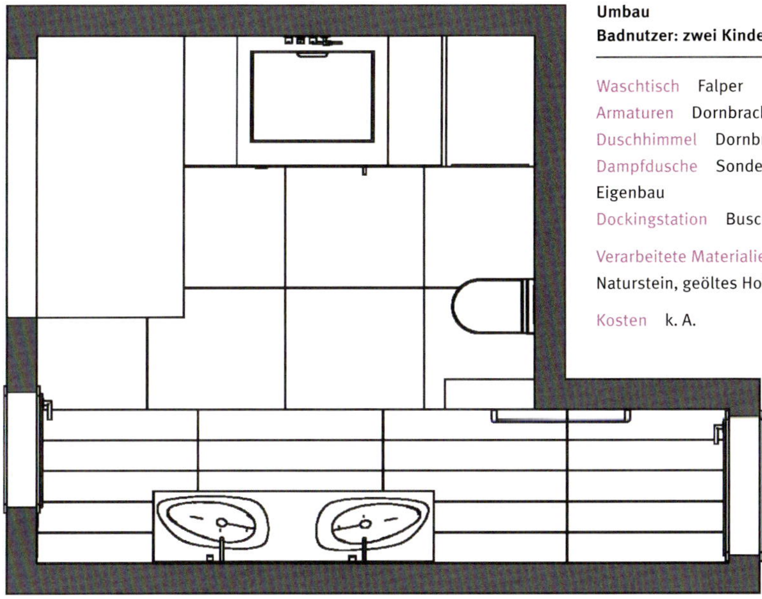

Grundriss Maßstab 1:50

Umbau
Badnutzer: zwei Kinder

Waschtisch Falper
Armaturen Dornbracht
Duschhimmel Dornbracht
Dampfdusche Sonderanfertigung/ Eigenbau
Dockingstation Busch-Jaeger

Verarbeitete Materialien Portugiesischer Naturstein, geöltes Holzparkett, Glas

Kosten k. A.

▼
Dank Docking-Station für den iPod ist im Kinderbad auch das Abspielen von wirklich cooler Musik garantiert.

»Unsere Kinder lieben es, im Dampfbad zu entspannen.«

▼
Dampfbaden entspannt und stärkt das Immunsystem.

▼
Die liebevolle Deko trägt zum Wohlgefühl bei.

▼▼
Waschtisch und Spiegel sind großzügig gestaltet. So ist die gemeinsame Nutzung ein Kinderspiel.

▶
Die Dampfdusche steht im Mittelpunkt des Bades. Damit es sich zwei Personen gleichzeitig gemütlich machen können, liegen sich zwei beheizbare Sitzbänke gegenüber.

Schön natürlich

Das Bad gewinnt immer mehr an Bedeutung als Rückzugsort. Wenn es so durchdacht und liebevoll eingerichtet ist wie dieser 6,5 Quadratmeter grosse Raum, spielt Grösse keine Rolle mehr.

Die besondere Herausforderung war in diesem Fall die enorme Deckenhöhe des Badezimmers. Da eine Geschossdecke entfernt wurde, ist die Innenwand nahezu 4 Meter hoch. Auf der gegenüberliegenden Seite befindet sich die Dachschräge mit einem großen Fenster. Das hereinfallende Licht erzeugt eine besondere Atmosphäre. Fast meint man, sich auf einer Waldlichtung zu befinden. Diese Wirkung wird noch durch die ausdrucksvolle Bildtapete mit abstrahierten Farnen unterstrichen. Doch erst das raffinierte Beleuchtungskonzept setzt den kleinen Raum richtig in Szene. Der hinterleuchtete Spiegel und verstellbare Wandspots lassen eine wahre Choreografie des Lichtes entstehen.

Da in diesem Bad kein Zentimeter zu verschenken war, wurde die Wandseite unter der Dachschräge komplett genutzt: Hier befindet sich der Waschplatz – eine puristische Konstruktion mit flachem Becken und schwebendem Unterschrank. Wichtig ist der überdimensionale Spiegel, der einen unverzichtbaren Beitrag zur optischen Vergrößerung des Raumes leistet. Eine wirklich ausgefallene Lösung fand die Badplanerin für die Badmöbel. Rechts neben dem Waschtisch wurden drei Hochschränke in unterschiedlichen Formaten und Grautönen über die komplette Wand verteilt. So wirkt der Stauraum überaus leichtfüßig.

Der dem Waschtisch gegenüberliegende Duschbereich ist offen und ebenerdig gestaltet. Eine Schwallbrause simuliert einen Wasserfall, Kneippschlauch, Regen- und Handbrause sorgen für weiteren luxuriösen Duschgenuss. Auch der Boden der Dusche, mit großen Kieseln gestaltet, steht ganz im Zeichen der Natürlichkeit.

»Besonders wichtig war das detailliert geplante Beleuchtungskonzept.«

◄▲
Waschplatz mit ungewöhnlicher Schrankkombination: Drei unterschiedliche Hochschränke lösen alle Stauraumprobleme.

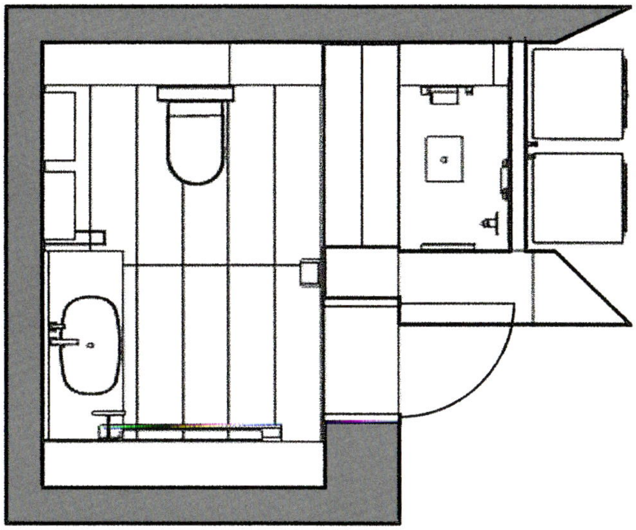

Grundriss   Maßstab 1:50

Renovierung im Bestand
Badnutzer: drei Personen

Waschplatz, Möbel   antoniolupi
Wäschetasche Leder   antoniolupi
Bild-Tapete   Wall&Deco
Spiegel   Minetti
Armaturen   Dornbracht
WC   Villeroy & Boch
Sanitärmodul   Geberit
Duschabtrennung, Ablaufrinne   Heiler
Duschboden   Kiesel
Feinstein   Coem
Kneippsystem   Keuco
Duschkorb   Keuco
Elektro-Heizkörper   Antrax
Licht   B. Beisse
Radio mit Boxen   GIRA

Verarbeitete Materialien   Feinstein, Cristalplant, Glas, Kiesel, Tapete

Kosten   k. A.

▶
Großzügig dimensionierte Regenbrause.

▶▶
Im Detail ist die hochwertige Qualität der Schränke gut zu erkennen.

▼
Die Dusche verfügt nicht nur über unterschiedliche Duschmöglichkeiten, sondern auch über einen Klappsitz.

Willkommen an Bord

Vielleicht ist es das Bullaugen-Fenster. Vielleicht ist es aber auch die geborgene Atmosphäre, die beim Blick in dieses 5,5 Quadratmeter grosse Bad Assoziationen an eine Kajüte hervorruft. Auf jeden Fall wirkt die Gestaltung überaus einladend.

Das Bullauge wurde nachträglich eingesetzt. Der Raum verfügte nämlich ursprünglich nicht über Fenster und die Bauherren wünschten sich natürliches Licht im Bad. Direkt über dem Waschplatz angebracht, gewährt das runde Fenster nun nicht nur einen Blick nach draußen, sondern sorgt auch für maritimes Feeling.

Das Gefühl der Geborgenheit ist zum einen der abgerundeten Raumecke zu verdanken, zum anderen der wunderbar durchgängigen Farb- und Materialwahl. Gespachtelter Beton wirkt natürlich, die Kombination aus Beige- und dunklen Brauntönen vermittelt Sicherheit. Fliesen sollten nur sehr begrenzt eingesetzt werden, ansonsten war Fugenlosigkeit gewünscht.

So wurden nur ein kleiner Bereich über dem Waschplatz und die Dusche mit Mosaikfliesen gestaltet. Auf Heizkörper wurde komplett verzichtet. Stattdessen ist eine Wandflächenheizung gegenüber dem Waschtisch sowie in der Dusche unter Putz verlegt. Sie sorgt für angenehme Strahlungswärme, was den Geborgenheitseffekt dieses Bades noch einmal verstärkt.

Die Walk-in-Dusche integriert sich organisch in die halbe Rundung des Raumes. Dazu wurde neben dem großzügigen Waschtisch eine kleine Mauer hochgezogen, die mit einer Glasscheibe zum Spritzschutz komplettiert wurde.

Trotz der geringen Fläche sollte möglichst viel Stauraum geschaffen werden. Auch die Waschmaschine musste unauffällig platziert werden. Sie wurde unter dem Waschtisch hinter einer Schranktür versteckt. Die Schubladenauszüge bieten ausschließlich Stauraum für Badutensilien. Auch über dem WC befindet sich ein kleiner Schrankraum hinter einer eingelassenen Tür.

◄ Orange symbolisiert Lebensfreude. Der Schriftzug »happiness« unterstreicht das ganz klar. Und ist außerdem ein hübscher Farbtupfer. Über dem WC ist die Tür zum integrierten Schrank zu erkennen.

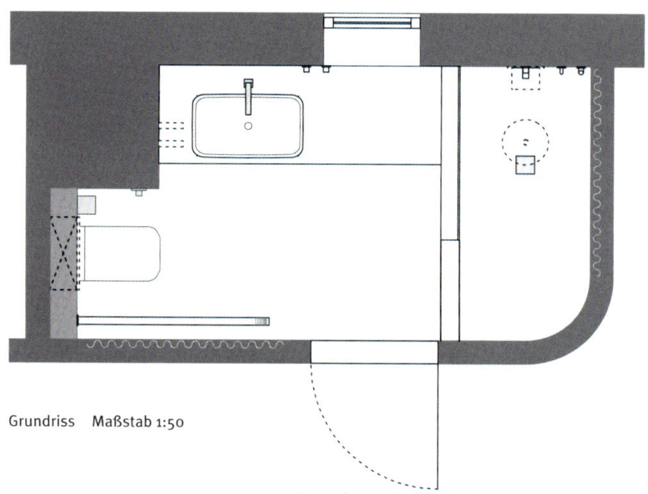

Grundriss Maßstab 1:50

Renovierung im Bestand
Badnutzer: Ehepaar

Waschbecken, Wandleuchten antoniolupi
Beleuchtung, Handtuchstange, Möbel, Naturstein Ultramarin
WC Duravit
Armaturen Dornbracht
WC-Betätigung Vola

Wand, Boden Beton Ciré
Mosaik Mutina

Verarbeitete Materialien Waschtischplatte aus Naturstein Samarcanda, Wände Beton Ciré, Vollglasmosaik

Kosten k. A.

◀ Das Waschbecken ist großzügig, wirkt aber aufgrund der geringen Aufbauhöhe zurückhaltend.

▼ Ganz natürlich: Wände aus gespachteltem Beton und die Waschtischplatte aus Naturstein harmonieren perfekt.

◀ Gut kombiniert: Dunkelbraune Mosaike und sandfarbener Naturstein.

▲ Wie aus einem Guss: Das behagliche Bad erhält durch das Bullaugenfenster ein wenig maritimen Charme.

Stimmungsvoll entspannen

Nach Jahren der Gleichmacherei in einer Reihenhaussiedlung trieb ein Ehepaar seinem 9,24 Quadratmeter grossen Bad die 08/15-Tristesse aus und schuf ein häusliches Wellnessparadies inklusive Dampfbad.

Das Bad sollte dem Ehepaar nach einem arbeitsreichen Tag eine Rückzugs- und Entspannungsmöglichkeit bieten und gleichzeitig auch den Wellness-Aspekt in Form eines Dampfbades berücksichtigen. Das schien in dem schmalen Raum zunächst ein Ding der Unmöglichkeit. Der Badplaner hatte die optimale Lösung für die knapp bemessenen Raumverhältnisse und schlug eine Kombination von Dusche und Dampfbad vor. Ein Vorschlag, der die Bauherren auf Anhieb begeisterte.

Die Dampfdusche befindet sich links neben der Eingangstür. Sie ist nahezu komplett verglast und nutzt mit ihrer leicht versetzten Bauweise die Raumecke optimal aus. An der Wand wurde eine Bank platziert, auf der zwei Personen beim Dampfbaden bequem Platz finden.

Dank der abgeschrägten Türkonstruktion der Dampfdusche wird rund um den Waschplatz Bewegungsfreiheit geschaffen. Dieser ist nicht nur Funktionszentrum, sondern bietet hinter den edlen, hellgrauen Fronten den in jedem Bad dringend benötigten Stauraum. Der grifflose Hochschrank auf der rechten Seite präsentiert sich zusammen mit dem ebenfalls grifflosen Waschtischunterschrank als attraktives Duo. Ein Lichtspiegel mit horizontal verlaufenden Lichtbändern macht alle Verschönerungs- und Pflegerituale zum Vergnügen.

Das ganz private Entspannungsrefugium des Ehepaares sollte Ruhe ausstrahlen, deshalb wurde von jeglichen Showeffekten abgesehen. Dieser Verzicht auf ständig neue optische Reize ist, neben der Ausstattung mit Dampfbad & Co., ein ganz wichtiger Entspannungsfaktor. Die durchgehende Beschränkung auf die Kombination der Farbtöne Weiß, Beige und Hellgrau schafft Harmonie und optische Weite. Dazu trägt auch das durch ein raumhohes Fenster fallende Tageslicht bei. Die Materialien strahlen hohe Wertigkeit aus und verleihen dem Bad ein stimmiges Ambiente.

»Weg vom Reihenhauseinerlei – das ist uns mit unserem Bad gelungen.«

◄ Klaren Linien auch bei den Armaturen.

▼▼
Kaum zu glauben, aber dieses Traumbad befindet sich in einem eher konventionellen Reihenhaus. Die Kombination aus Raumarchitektur und edlen Materialien verwandelt den schmalen Raum in eine Wellnessoase.

▼
Der Kneippschlauch dient zur Abkühlung und zur Durchführung Kneipp'scher Güsse.

▼
Gut kombiniert. Die Kopfbrause bietet neben eindrucksvollem Brauseregen auch eine Schwallfunktion.

◄
Die Vorwandinstallation für WC und Bidet wurde mit einer beleuchteten Nische sehr aufwendig gestaltet. Den Rahmen bilden glänzende Fliesenprofile.

▼
Das großzügige Waschtischensemble nimmt fast die komplette rechte Wandseite ein. Der leichtfüßige Eindruck des Möbelstücks wird durch die wandhängende Montierung verstärkt.

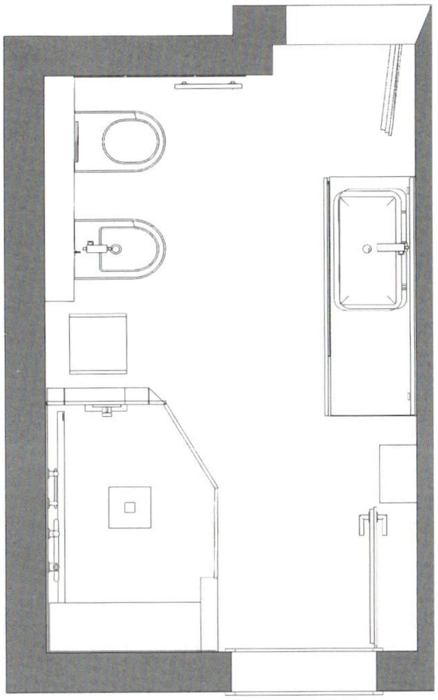

Grundriss   Maßstab 1:50

Renovierung im Bestand
Badnutzer: Ehepaar

Fliesen   Casa dolce casa
Waschtischanlage   antoniolupi
Wandspiegel   antoniolupi
Waschtischarmatur   Keuco
Bidetarmatur   Keuco
Duschsystem   Hansgrohe
Dampfgenerator   Effegibi
Badheizkörper   Zehnder

Kosten   k. A.

▼
Qualität bis ins Detail

▼
Eindrucksvoll: Der breite Spiegel mit LED-Lichtbändern über dem Waschtisch.

Aubergine trifft Naturtöne

Die Bauherren, ein berufstätiges Ehepaar mit wenig Zeit, vertrauten bei der Renovierung ihres 5,7 Quadratmeter grossen, fensterlosen Bades ganz auf das Rundum-Sorglos-Paket der Badplaner. Einziger Wunsch: Ein modernes Bad mit Farbakzenten.

In einem Bad ohne Fenster muss die Lichtplanung fast noch akribischer erfolgen als in einem Bad mit Tageslicht. Denn falsch platzierte Leuchten können einen Raum im wahrsten Sinne des Wortes im schlechten Licht dastehen lassen. Damit das in diesem edel ausgestatteten Bad nicht passiert, sorgen Deckenspots für eine gleichmäßige Ausleuchtung, auch in der Dusche. Dazu kommt die Spiegelbeleuchtung am Waschtisch.

Das Bad wurde halbhoch mit großformatigem Feinsteinzeug gefliest, das wie Naturstein wirkt. Die darüberliegenden Wände wurden mit Putz gestaltet. Den Abschluss bilden hochglänzende Fliesenprofile, die die luxuriöse Gestaltung effektvoll hervorheben.

Der maßgefertigte Waschtisch ist der optische Mittelpunkt des Bades. Das auf der Front des Unterschrankes lackierte Glas in ausdrucksvollem Aubergine betont die zentrale Rolle des Waschplatzes. Doch nicht nur die Farbe ist spektakulär. Die Konstruktion, die zwei großzügige Schubladen mit einem in der Mitte befindlichen bis zum Boden reichenden Schrank kombiniert, ist überzeugend funktional und – ebenso wie die aus einem Stück gefertigte Waschtischplatte – ein Beweis perfekter Handwerkskunst. Vor allem beim Waschbecken ist das ein aufwendiger Vorgang, denn Becken und Waschtischplatte werden aus einem Stück Mineralguss geformt. Trotz der Größe der Becken bleibt noch genügend Ablagefläche. Geradlinige Wandauslaufarmaturen und ein großer Spiegelschrank mit Seitenleuchten komplettieren den Waschplatz.

Eine Vorwandinstallation verbirgt die WC-Technik. Sie reicht bis in die Dusche und nimmt die Wasserleitungen sowie die Lüftungstechnik auf. Die begehbare Dusche verfügt über eine großzügige Glasabtrennung, die vor Überschwemmungen schützt. Sehr dekorativ ist die Akzentuierung der Wand mit dunklen Fliesen, die sich als parallele Streifen an der Wand hochziehen.

◄ Die grauen Fliesen wirken wie Naturstein.

▲ Flieder- und Auberginetöne vertragen sich bestens.

▼ Die Dekoration greift den Aubergineton des Waschtisches auf.

◄ Dusche und Handtuch-Heizkörper sind ein perfektes Duo. Direkt nach dem Duschbad hängen vorgewärmte Handtücher in Griffweite bereit.

► Nicht zu übersehen: Der Doppelwaschtisch spielt die zentrale Rolle in diesem Bad. Das hochglänzende Aubergine des Waschtisch-Unterschrankes sorgt für intensive Farbakzente.

Renovierung im Bestand
Badnutzer: Ehepaar

Waschtisch Minerlaguss M&M Design
Armaturen Hansgrohe
WC Duravit
Heizkörper Zehnder
Duschabtrennung Glas & Design Sonderanfertigung

Verarbeitete Materialien Feinsteinzeug, Mineralguss, Glas, Holz

Kosten 44.100 Euro

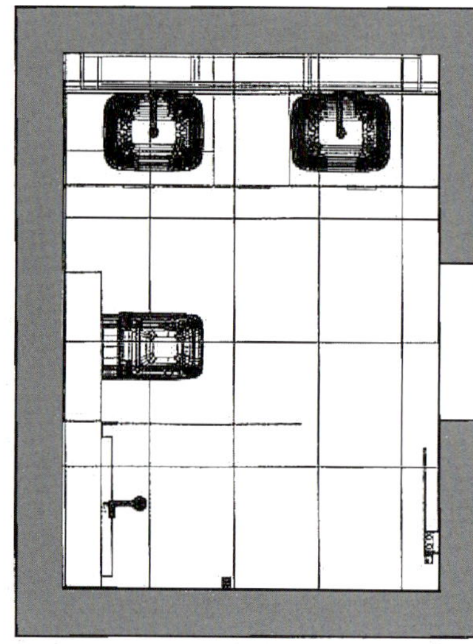

Grundriss Maßstab 1:50

◄
Fliesenprofile in Chrom sehen nicht nur schick aus, sondern schützen auch die Fliesenkanten.

▼
Großformatige Fliesen sind die optimale Wahl für ein keines Bad. So wirkt die Fläche größer.

►
Mit Regen- und Handbrause ist die Duschausstattung vom Feinsten. Der Abfluss wurde als Duschrinne unauffällig im Boden der Dusche integriert.

In the box

In einem 200 Quadratmeter grossen Loft sollte ein Bad so integriert werden, dass der Charakter des fast 4 Meter hohen Raumes erhalten blieb. Die Badplanerin fand eine ganz besondere Lösung.

Wohnen im Loft ist Gestaltungsfreiraum pur. Die großen Flächen können ganz nach Wunsch eingeteilt und gestaltet werden. Doch wie integriert man ein Bad mit der dazugehörigen Intimsphäre mitten in einer offenen Fabrikwohnung? Die Badspezialistin fand für das Kundenehepaar eine so einfache wie raffinierte Lösung: Sie platzierte einen Kubus als Raum im Raum. So bleibt die im Bad gewünschte Intimität erhalten, der Kubus ist aber sichtbarer Bestandteil der Architektur. Die Materialien sind modern und zeitlos, so dass der historische Charakter des Fabriklofts bestehen blieb und durch den neu errichteten Raum stilgerecht ergänzt wird.

Die Glasfront des Kubus ist einem großen Fenster zugewandt, sodass tagsüber Licht von draußen hereinfällt. Tritt man durch die Glasschiebetür ins Bad, ist man überrascht von der Großzügigkeit und Wirkung des Raumes. Auf nur 9,9 Quadratmetern befindet sich alles, was ein Bad braucht, und das sehr durchdacht verteilt. Das Gestaltungsrezept: eine T-Lösung. Dusche und WC befinden sich hinter dem Waschplatz und sind wiederum durch eine raumhohe Wand getrennt. So sind Dusch- und Hygienebereich von außen nicht sichtbar. Privatsphäre ist also garantiert.

Beim Eintreten nimmt man nur den Doppelwaschplatz wahr. Ein leicht wirkendes Ensemble aus zwei Waschbecken und einem »schwebenden« Unterschrank in dunklem Holz, ergänzt durch einen Spiegel, der sich über die komplette Breite des Waschtisches zieht. Die Dusche ist begehbar und sehr komfortabel mit Regenbrause und Kneippschlauch ausgestattet.

Mit seinen sanften Farben und gezielt platzierten Lichtakzenten wirkt der Raum hell und freundlich und lässt vergessen, dass da draußen ein großes Loft wartet.

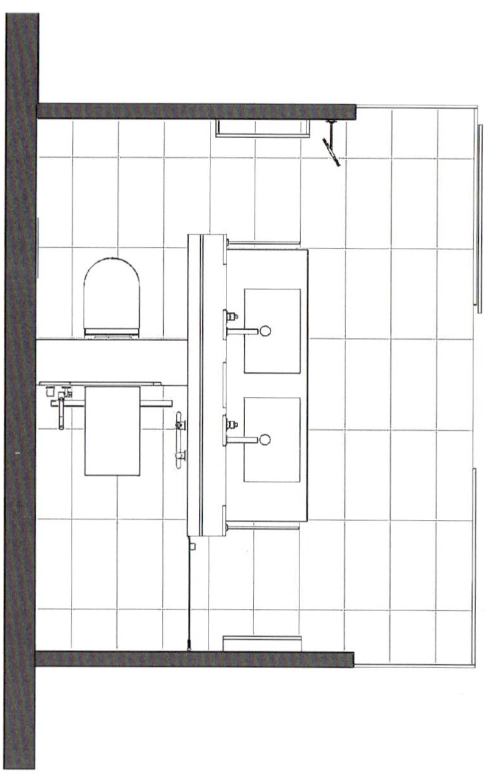

Grundriss Maßstab 1:50

Einbau im Bestand
Badnutzer: Ehepaar

Waschtischanlage antoniolupi
Wandarmatur Dornbracht
Regenbrause, Duschgarnitur, Thermostat, Kneippschlauch Dornbracht
Duschrinne, WC-Betätigungsplatte Tece
WC Ideal Standard
Heizkörper Vasco, Handtuchhalter Chrom

Verarbeitete Materialien Bodenbelag Naturstein Pietra di Brera, Kalkmarmorputz

Kosten ca. 47.000 Euro

▸ Das Bad wurde als Kubus mitten im Loft platziert.

»Der Kubus ist nicht nur Bad, sondern sichtbarer Teil der Loft-Architektur.«

▶
Auf Wunsch kann die Lichtstimmung verändert und den jeweiligen Raumverhältnissen angepasst werden.

▼
Hinter dem Waschplatz verbergen sich eine begehbare Dusche und das WC.

Reduktion mit Stil

Die Liebe des Bauherren-Paares zu puristischem Design und klarer Formensprache prägt ihr gesamtes Haus. Und das sollte sich auch im 10 Quadratmeter grossen Bad widerspiegeln.

So zeigt sich auch hier ein spannender Dialog zwischen klarer Architektur und hochfunktioneller Gestaltung, der durch die Verwendung von wenigen, ausgesuchten Materialien wie Holz, Corian und Glas unterstrichen wird. Fliesen wurden nicht verwendet. Die Bauherren verzichteten ganz bewusst auf das keramische Material, um das Wohnlichkeit des Ambientes zu unterstreichen. Daher wurden die Wände verputzt und auf dem Boden wunderschön strukturierte Eichendielen verlegt. So entsteht eine Weitläufigkeit, die vergessen lässt, dass der Raum nur 10 Quadratmeter Platz bietet.

Der Waschplatz nimmt eine komplette Wandseite ein. Er reicht vom Fenster bis zur Eingangstür. Trotz seiner Breite dominiert er den Raum nicht, denn das Design des aus Mineralguss geformten Waschtisches wirkt nahezu schwerelos. Zwei dicht nebeneinander liegende Waschbecken werden durch eine lang gestreckte Ablagefläche und grifflose Auszüge ergänzt. Die komplette Wand oberhalb des Waschtisches wird von einem schmalen mit LED-Lichtbändern gerahmten Spiegel eingenommen.

Wanne und Duschtasse bestehen, wie der Waschtisch, aus hochwertigem Mineralwerkstoff. Das Material ist exakt formbar, sodass der breite Wannenrand auf der einen Seite Platz für die Armaturen bietet und auf der anderen Seite zum integrierten Regal wird. Da sich der Wannenrand als Sitzbank in die Dusche fortsetzt, verschmelzen Wanne und Dusche zu einer durchdachten Einheit. Komplett wird das Ensemble durch eine maßgefertigte Duschabtrennung. Beim Bad in der Wanne bieten sich übrigens zwei sehr unterschiedlichen Aussichtsmöglichkeiten: Auf der einen Seite kann man seine Gedanken mit Blick durch das Fenster schweifen lassen oder man schaut das Fernsehprogramm seiner Wahl auf dem im Spiegel integrierten Fernseher.

▶ Wanne und Dusche finden sich zum stimmigen Duett.

▼ Liebevolle, asiatisch inspirierte Dekorationen.

▼ Drei Chinesen ohne Kontrabass.

▼ Damit Holzböden im Bad langfristig funktionieren, müssen die Übergänge zwischen den Nassbereichen (hier die Duschtasse) und den Eichendielen exakt geplant und ausgeführt werden.

»Das Bad sollte die klare Formensprache des gesamten Hauses widerspiegeln.«

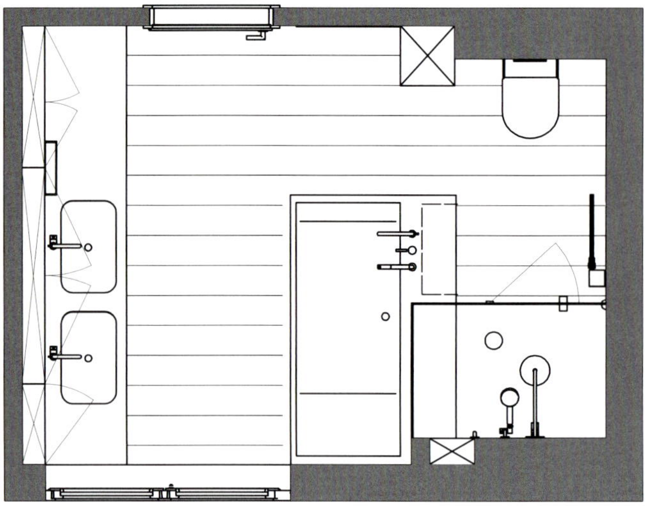

Grundriss Maßstab 1:50

Neubau
Badnutzer: Ehepaar

Waschtischunterschrank, Waschtischplatte, Duschtasse antoniolupi
Armaturen Dornbracht
TV adnotam
Spiegelschrank Maßanfertigung
Wanne Maßanfertigung Dreyer

Verarbeitete Materialien Corian, Mineralwerkstofff

Kosten k. A.

▼
Ganz schön lang: Der Waschtisch nimmt eine komplette Wand ein.

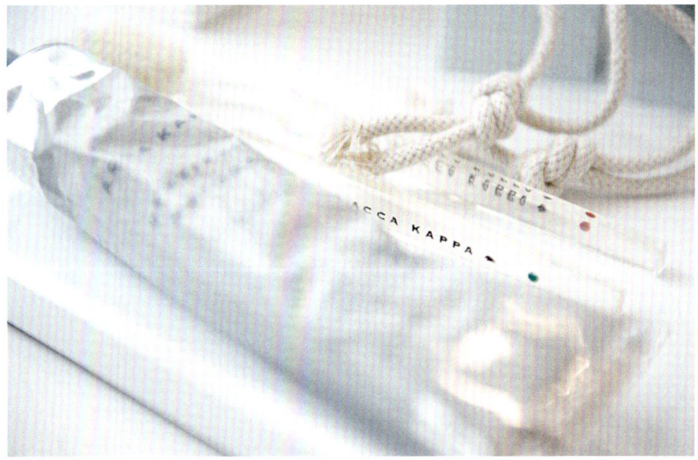

▲
Hochwertige Accessoires und Handtücher ergänzen die Einrichtung.

▼
Der Wannenrand ist so breit, dass ein Regal integriert werden kann.

▲
Ausgesuchte Details werten das Bad noch mehr auf.

▼
Von der Wanne aus kann man das TV-Programm seiner Wahl auf einem in den Spiegel integrierten Fernseher schauen.

Poetischer Purismus

DREI STICHWORTE GABEN DIE BAUHERREN DEN PLANERN AUF DEN WEG: DAS 8,5 QUADRATMETER GROSSE BAD SOLLTE KLAR, STYLISH UND HOCHWERTIG SEIN.

Allerdings hatten die Bauherren nicht vor, das Bad selbst zu nutzen. Die Wohnung, in der es sich befindet, sollte nämlich vermietet werden. Die Zielgruppe: junge, gut verdienende Singles oder Paare. Diese Klientel stellt hohe Ansprüche an die Wohnungseinrichtung, daher stand fest, dass die Ausstattung des Bades erstklassig sein muss.

Die hochwertige Ausstattung war das eine. Das andere war die Vorliebe der Bauherren für Asien. Sie sind seit vielen Jahren in Asien tätig und kennen und lieben den asiatischen Lebens- und Einrichtungsstil. Es war ihnen ein großes Anliegen, diesen Stil auch im Bad umzusetzen: Als europäische Interpretation des asiatischen Minimalismus. Die Realisierung der Bauherrenwünsche war die eine Sache, die Raumsituation die andere. Schlauchförmige Bäder stellen an die Planer immer wieder besondere Anforderungen. Aber beide Aufgaben wurden optimal gelöst. Der Raum gibt sich auf den Blick sehr zurückhaltend. Beim genaueren Hinsehen entdeckt man sehr viele Details, die ein überzeugendes Gesamtbild ergeben.
Das Bad ist im vorderen Bereich absolut symmetrisch angelegt. Die eine Seite ist das gestalterische Spiegelbild der anderen. Der Fliesenspiegel des Waschplatzes hat genau die gleichen Maße wie der Fliesenspiegel des WC- und Bidet-Ensembles. Der rechteckige Spiegel findet sein Gegenüber in einer beleuchteten Nische im gleichen Format. Beide Bereiche zeichnet die schlichte Gestaltung aus. So trägt eine schwebende, sehr schmale Natursteinplatte die fein gezeichnete Waschschale. Bidet und WC überzeugen durch klare Formen.

Die Dusche bildet den Abschluss des Badezimmers. Der ausdrucksstarke Kieselboden ist nicht nur ein ganz besonderer Eyecatcher, sondern liefert beim Duschen auch gleich eine Fußmassage. Die Farbwahl in ruhigen Naturtönen unterstreicht die harmonische Raumwirkung.

»Wir legten großen Wert auf eine europäische Interpretation des asiatischen Minimalismus.«

◄◄
Die beleuchtbare Nische bietet Stauraum.

◄
Der Kieselbelag wurde nicht nur auf dem Boden verwendet, sondern taucht auch in der gemauerten Nische wieder auf. Für Komfort sorgt die Sitzbank.

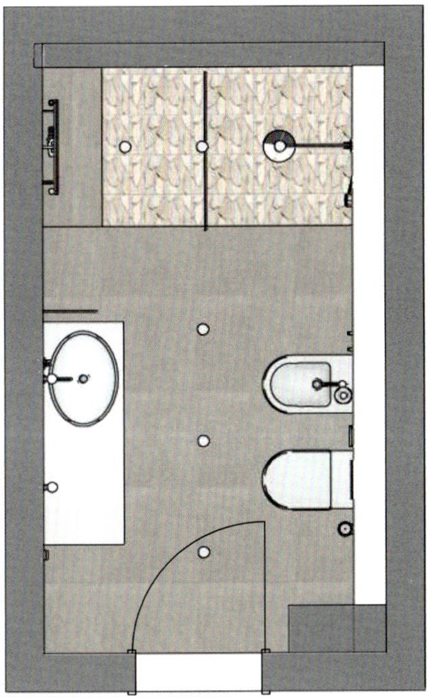

Grundriss Maßstab 1:50

Neubau
Badnutzer: Single oder DINKS

Waschschale, Bidet, WC	Villeroy & Boch
Armaturen	CEA
Steinplatte	Pibamarmi
Heizkörper	HSK
Fliesen	Casalgrande Padano
Kiesel	Stein + Ambiente
Kosten	25.000 Euro (ohne Technik/Elektrik)

▶ Die Waschtischplatte aus Naturstein scheint zu schweben.

▼ Sanfte Farben, klarer Stil.

Materialien

Das Bad ist der Raum, der uns besonders nahe kommt. Wo uns keine schützende Hülle in Form von Kleidung umgibt. Daher ist es umso wichtiger, dass das Bad so ausgestattet ist, dass wir uns auch unbekleidet wohl fühlen und es sozusagen zu unserer zweiten Haut wird. Angenehme, haptische Materialien und gut kombinierte Farben potenzieren das Wohlgefühl. Daher muss ihnen gerade im Bad besondere Aufmerksamkeit geschenkt werden.

Fliesen, Feinstein und Keramik spielen im Bad zwar immer noch eine wichtige Rolle, aber sie sind nicht mehr das Maß aller Dinge. Werkstoffe wie Holz, Metall oder Glas, Tapeten und Textilien sind ins Bad eingezogen und das zu seinem Vorteil. Dank Imprägnierungen oder besonderer Behandlungen sind diese Materialien feuchtraumgeeignet und schenken dem Badezimmer einen hohen Wohnlichkeitsfaktor. Auch Granit, Beton, Mineralwerkstoffe, Keramik, Edelstahl und Naturstein bereichern die Ausstattungspalette und erweitern die Gestaltungsmöglichkeiten enorm.

Ebenso beeinflussen Farben das Befinden und müssen im Bad mit viel Gefühl ausgewählt werden. Warme Farben schaffen eine anheimelnde Atmosphäre. Wen es also eher fröstelt, der sollte vor allem im Bad unbedingt wohlig-warme Farben wählen, denn in einem mit warmen Tönen ausgestatteten Raum wird die Temperatur um einige Grade höher eingeschätzt. Kalte Farben wirken dagegen erfrischend. Wo viel Sonne ins Bad scheint, sind sie die richtige Wahl. Wände und Boden müssen übrigens nicht in den gleichen Farben und Materialien gestaltet werden. Auch Wände können auf einen Einheitslook verzichten. Muster- und geschickt gewählte Farbmixe können den Raum noch interessanter machen.

> »Angenehme Materialien und gut kombinierte Farben erhöhen das Wohlgefühl.«

Mineralwerkstoffe

Mineralwerkstoff ist ein Verbundwerkstoff, der aus Acrylmasse, natürlichen Mineralien und Farbpigmenten besteht. Die glatte, porenlose Oberfläche gewährleistet optimale Hygiene. Darüber hinaus verfügen Produkte aus Mineralwerkstoff über eine sehr angenehme Haptik. Der pflegeleichte Werkstoff ist sehr haltbar, kleine Kratzer können mit feinem Sandpapier entfernt werden. Zu den Mineralwerkstoffen gehören Corian, Quaryl, Mineralbeton, Cristalplant etc.

Edelstahl

Produkte aus Edelstahl verfügen über einen ausgesprochenen Hightech-Charakter. Dementsprechend werden sie gern in puristischen Bädern eingesetzt. Das widerstandsfähige Material wird – gern in gebürsteter Optik – für Armaturen und Badaccessoires eingesetzt.

Stahl-Email

Aus Stahl-Email werden heute hauptsächlich Bade- und Duschwannen/-flächen und Waschschalen/-becken hergestellt. Dieser Werkstoff ist besonders hart im Nehmen. Seine Robustheit resultiert aus der Kombination von hochwertigem Stahl mit einer brillanten glasartigen Oberfläche. Damit ist Stahl-Email nicht nur widerstandsfähig und sehr kratzfest, sondern verfügt auch über einen strahlenden Glanz, der über viele Jahre bleibt. Selbst scharfe Scheuermittel können der brillanten Oberfläche nichts anhaben. Der Einsatz von starken Reinigungsmitteln ist allerdings nicht nötig. Die Pflege ist ganz einfach, denn für die Reinigung der glatten Oberfläche reichen ein normaler Haushaltsreiniger und ein weiches Tuch. Ein weiteres Argument für Stahl-Email ist die umweltfreundliche Herstellung und die 100%-ige Recycelbarkeit.

Holz

Holz wird in den letzten Jahren immer öfter im Bad eingesetzt, denn sowohl als Badmöbel oder auch als Bodenbelag sorgt es für wohnliche Atmosphäre. Es eignet sich hervorragend für die Verwendung im Bad, egal ob als Badmöbel oder als Bodenbelag. Badmöbel werden für Feuchträume produziert und sind damit unempfindlich gegen Feuchtigkeit und Wasserspritzer. Holzböden, die Wohnlichkeitsgaranten sind, kann man ebenfalls unbesorgt im Bad einsetzen, sofern der Raum nicht regelmäßig unter Wasser gesetzt wird. Denn auch der robusteste Holzboden übersteht kein Vollbad. Um die Schönheit eines Holzbodens zu erhalten, ist die regelmäßige Reinigung und Pflege mit im Fachhandel erhältlichen Mitteln unerlässlich.

Keramik

Keramik ist das klassische Material fürs Bad. Ihre Hauptbestandteile sind Ton und Kaolin, dazu kommen u.a. Quarz und Feldspat. Standfest wird sie durch den Brennvorgang im Ofen, widerstandsfähig durch die Glasur. Die hält nicht nur Putzattacken mit Scheuermilch aus, sondern sogar Angriffe mit Säuren oder Laugen. Keramik ist nicht nur unempfindlich und alterungsbeständig, sondern auch sehr hygienisch.

Tapete

Herkömmliche Papiertapeten eignen sich nicht für Spritzwasser- und Nassbereiche. Hier können nur Tapeten mit den Bezeichnungen »hochwaschbeständig« oder »scheuerbeständig« verarbeitet werden. Oberhalb des Fliesensockel oder an der Decke können jedoch normale Tapeten verwendet werden. Ideal fürs Bad sind Vlies- und Vinyltapeten. Auch Motiv- oder Mustertapeten sorgen für (farbliche) Highlights.

Naturstein

Marmor, Granit, Schiefer, Solnhofener Naturstein oder Travertin setzen im Bad edle Akzente. Diese Kunstwerke der Natur, die über Millionen von Jahren entstanden, sind etwas für Liebhaber des Individuellen, denn jeder Stein ist anders. Naturstein kann als Wand- und Bodenbelag verwendet werden. Auch Waschtischplatten, Waschschalen, beheizte Sitzflächen oder Duschtassen werden aus Naturstein hergestellt. Das edle Material verträgt keine scharfen Reinigungsmittel. Hier sollten spezielle, im Fachhandel erhältliche Reiniger benutzt werden. Auch für die Pflege von Naturstein sollten nur spezielle Mittel benutzt werden, um die Schönheit des Materials lange zu bewahren.

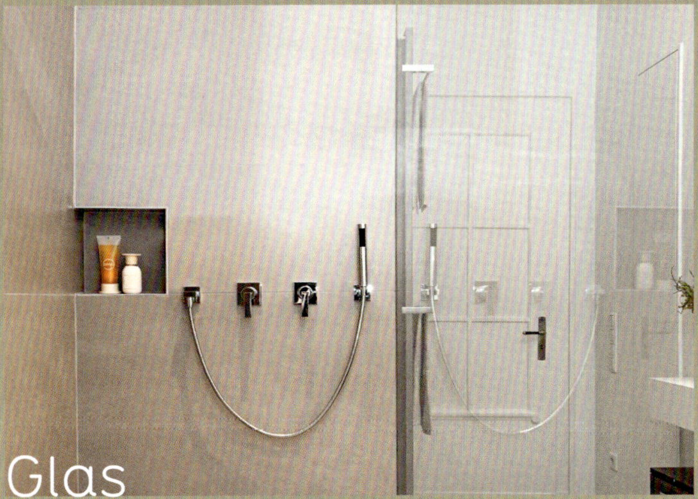

Glas

Glas ist ein wunderbares Material für das Badezimmer. Es glänzt, wirkt luxuriös und bringt Weite in den Raum. Das Einsatzspektrum reicht von Waschtischen bis hin zu Regalen oder Wandverkleidungen. Der Haupteinsatzbereich liegt allerdings im Duschabtrennungsbereich. Hier wird Einscheibensicherheitsglas (ESG) verwendet, das im Ernstfall in viele kleine, ungefährliche Stücke zerfällt. Glas kann geätzt, satiniert oder mit Siebdruck versehen werden und ist damit auch ideal als Sichtschutz. Doch nicht nur die Optik überzeugt: Glas ist pflegeleicht und sehr hygienisch. Hartnäckigen Kalkflecken kann man zum Beispiel mit Essigessenz zu Leibe rücken. Allerdings werden heute die meisten Duschabtrennungen mit pflegeleichten Beschichtungen angeboten, an denen sich weniger Kalk- und Schmutzrückstände festsetzen, was die Reinigung enorm erleichtert.

Beton

Ursprünglich stammt der Werkstoff Beton aus dem Außenbereich. Doch in den letzten Jahren ist das Material vermehrt in den Badbereich eingezogen. Die Oberfläche wirkt archaisch und verfügt gleichzeitig über eine zeitlose Modernität. Meist wird Beton für eher minimalistische Gestaltungen verwendet. Das raue Baumaterial ist widerstandsfähig und pflegeleicht.

Marmor

Marmor gehört als Naturstein zur Familie der Kalkgesteine. Er ist die edelste Alternative zu keramischen Fliesen. Marmor wird in unzähligen Arten und Farben angeboten, im Fachhandel findet man bis zu 60 Sorten. Die Oberflächen sind poliert; eine farblose Imprägnierung schützt vor Kratzern und Flecken. Für die Wand stehen dünnere und somit leichtere Platten zur Verfügung.

Die große Freiheit

Auf den ersten Blick ist es klar: Dieses Bad gehört einem Mann. 7,5 Quadratmeter unverstellter purer Minimalismus in unterschiedlichen Grautönen – ohne sichtbare Accessoires oder Ablageflächen.

Der Raum zeigt nicht nur den Hang des Bauherrn zu puristischen Räumen, sondern auch seine große Architektur- und Designverliebtheit. Da ist auf der einen Seite die absolut zurückhaltende Raumgestaltung und auf der anderen Seite der Blick aus dem Fenster über den Rheinauhafen auf die Severinsbrücke, eine spektakuläre Stahlseilkonstruktion. Ein Augenschmaus für einen Architekturfan. Die Aussicht wird übrigens mittels indirekten Lichts abends optimal in Szene gesetzt.

Das Bad ist einfach bis ins kleinste Detail durchgeplant. Alles ist auf die pure Funktion reduziert. Weder Accessoires noch Ablagen lenken das Auge ab. Dazu passt auch die konsequente Farbgestaltung in unterschiedlichsten Grauabstufungen. Fliesen aus großformatigem Feinsteinzeug wurden im Bodenbereich mit einem Minimosaik ergänzt. Die sich vor dem Fenster befindenden grauen Vorhänge dienen dazu, Schall und Blicke der Nachbarn abzufangen und passen in ihrer Schlichtheit optimal zum Raum. Die Reduktion wirkt in ihrer Strenge absolut stimmig.

Das minimalistische Prinzip gilt natürlich auch für die einzelnen Sanitärobjekte. Am deutlichsten wird das bei der Dusche, die auf eine Duschabtrennung verzichtet und dem Duschenden so eine große Freiheit gewährt. Der Waschtisch, ein sehr schmales rechteckiges Becken, wurde mit einem schlichten Wandauslauf kombiniert. Darüber befindet sich ein flächenbündig in die Wand eingelassener Spiegelschrank mit einer Einbauleuchte und satinierter Glasblende. Hier zeigt sich die formvollendete Planung bis ins kleinste Detail.

»Purer Minimalismus mit spektakulärem Ausblick.«

◄◄
Die Fliesen wurden mit weißgrauem, mineralischem Wandputz kombiniert.

◄
Markante Formen kennzeichnen die Sanitärobjekte.

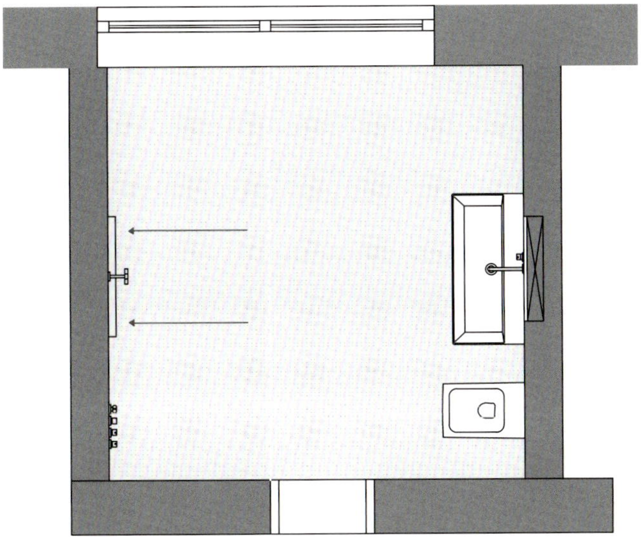

Grundriss Maßstab 1:50

Renovierung im Bestand
Badnutzer: Einzelperson

Waschtisch Catalano
WC Duravit
Armaturen Vola
Spiegelschrank Maßanfertigung
Duschrinne Dallmer
Beleuchtung Kreon
Fliesen Neo
Mosaik Brix

Verarbeitete Materialien Mineralputz, Minimosaik, Feinsteinzeug

Kosten k. A.

▶
So viel wie nötig, so wenig wie möglich: für die Dusche heißt das Verzicht auf Duschabtrennung und ausladende Armaturen.

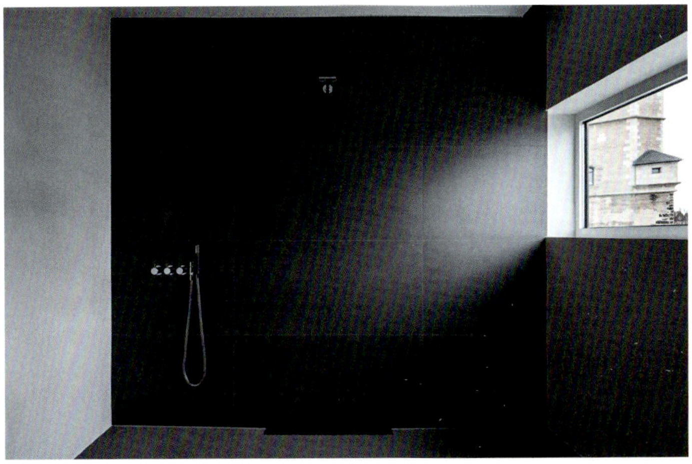

▼
Der Blick über den Rheinauhafen ist sowohl vom Waschtisch als auch von der Dusche aus möglich.

Kompromisslos geradlinig

Auch wenn ein Bad unter dem Dach liegt, sollten keine Kompromisse eingegangen werden. Dass auch bei einem sehr verwinkelten Dachgeschoss keine Einrichtungsabstriche gemacht werden müssen, zeigt dieser elegante 9,3 Quadratmeter grosse Raum.

Der Wunsch des Kundenehepaares nach einem puristischen Bad schien zunächst im kompletten Gegensatz zum sehr verwinkelten Dachgeschoss zu stehen. Denn der Raum hat nicht nur eine sehr ausgeprägte Dachschräge, auch die Wände stehen eher selten im rechten Winkel zu einander. Doch mit einer geschickten Raumaufteilung, klaren Farben und einer durchdachten, zurückhaltenden Möblierung zog Geradlinigkeit ein.

Zunächst fällt allerdings die ungewöhnliche Deckenkonstruktion auf. Der weiße Anstrich lässt die dominierende Schräge optisch zurücktreten, sodass der Raum höher wirkt. Beim Thema Farbe spielt außer Weiß nur noch Grau eine Rolle, was der ruhigen Raumwirkung ebenso zuträglich ist wie die Verlegung von großformatigen Fliesen. Durch das großzügige Giebelfenster fällt viel Tageslicht in den Raum. Die indirekt beleuchtete Sitzbank und die Spiegelbeleuchtung schaffen darüber hinaus Lichtinseln, die freundliche Akzente setzen.

Am höchsten Punkt des Raumes wurde eine Wand eingezogen. Im hinteren Bereich entstand so eine Nische, in der sich jetzt die begehbare Dusche befindet. Auch wenn man hier die für diesen Raum typischen Winkel findet, bleibt ausreichend Bewegungs- und Kopffreiheit und natürlich ist für Komfort gesorgt. So wurde unter der Dachschräge eine Sitzbank installiert. Ein idealer Platz für die Körperpflege nach dem Duschbad. Wasserdichte Leuchten bringen die passende Lichtstimmung in die innenliegende Duschnische. Auf der Vorderseite der nachträglich eingezogenen Wand wurde der Waschtisch angebracht. Das Designmodell wirkt wie aus einem Guss, denn Becken und Schubladenauszüge aus Mineralwerkstoff scheinen nahtlos ineinander überzugehen. Apropos nahtlos: Der über dem Waschtisch liegende Spiegelschrank ist erst auf den zweiten Blick als solcher zu erkennen, denn er wurde so in die Wand eingelassen, dass die Türen elegant mit der Wand abschließen.

◄◄ Optische Täuschung: Der Spiegel ist ein in die Wand eingebauter Spiegelschrank.

◄ Detailverliebtes Waschbecken: Im Becken befindet sich eine kleine Abstufung, die als Ablage genutzt werden kann.

Umbau
Badnutzer: Ehepaar

Waschtisch Falper
Armaturen Vola
WC und Bidet Duravit
Spiegelschrank Entwurf des Badplaners
Accessoires Frost
Fliesen Mosa

Verarbeitete Materialien Feinsteinzeug, Glas, Mineralwerkstoff

Kosten k. A.

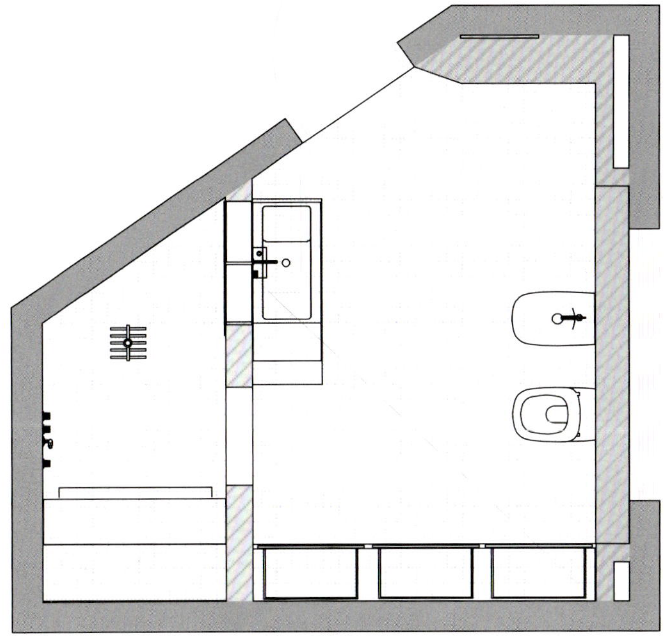

Grundriss Maßstab 1:50

»Die Planung der Dusche war in diesem verwinkelten Bad eine echte Herausforderung.«

▼ Trotz Winkeln und Schrägen erfüllten die Badplaner dem Kundenehepaar den Wunsch nach einem geradlinigen Bad. Die Sitzbank in Weiß wurde vom Schreiner gefertigt und ist indirekt beleuchtet.

▼
Die Sitzbank unter der Dachschräge: Ein idealer Platz zum Eincremen nach dem Duschgenuss.

▶
Optimal geplant und ausgestattet: Genug Platz, um den Brauseregen aus Kopf-, Regen- und Handbrause genussvoll auszukosten.

◄
Neben dem Waschtisch befindet sich der großzügige Eingang für die begehbare Dusche.

►
WC und Bidet wurden unter dem Giebelfenster installiert, da hier genügend Standraum nach oben ist.

Duschbad mit Wohlfühlcharakter

Schöne Details, wohnliches Holz und eine grosszügige Dusche sind die Zutaten für dieses gelungene Wohlfühlbad auf 7 Quadratmetern.

Als bekennende Duschfans stand für das Kundenehepaar von Anfang an der Verzicht auf die Wanne fest. Stattdessen wünschten sie sich eine große Dusche mit viel Bewegungsfreiheit, in der sie ausgiebige Brausebäder endlich richtig genießen können. Damit das Wasservergnügen nicht in Überschwemmungen ausartet, wurde eine breite Linienentwässerung eingebaut. Als Spritzschutz ist eine nahezu raumhohe Mauer eingezogen worden. Graue Fliesen setzen den Duschbereich auch rein optisch vom in warmen Beige- und Goldtönen gehaltenen Rest des Raumes ab. Zwei verglaste, übereinanderliegende Nischen lassen Licht aus dem Bad in die Dusche und bieten gleichzeitig den Blick aus der Dusche nach draußen.

Neben der Dusche befindet sich der Waschtisch. Zwei Stahl-Email-Becken wurden nahtlos in eine edle Teakholzplatte eingelassen, die – ebenso wie der Unterschrank – vom Schreiner passgenau angefertigt worden ist. Das edle Holz wurde zu einem geradlinigen Auszugsschrank verarbeitet, dessen Schlichtheit die attraktive Maserung besonders hervorhebt. Die Armaturen wurden an den Seiten der Becken positioniert und gewährleisten eine komfortable Bedienung. Besonders augenfällig ist die Wandgestaltung hinter dem Waschtisch. Der ausdrucksstarke Wandputz in einem warmen Goldton verleiht dem Bad seinen originellen Charakter.

Eine halbhohe Vorwandinstallation für das WC versteckt nicht nur Spülkasten und Wasserleitungen, sondern setzt auch einen interessanten architektonischen Akzent und nimmt das Nischenmotiv aus der Dusche bei der Gestaltung wieder auf.

◄◄ Die Stahl-Email-Becken wurden in eine Teakholzplatte nahtlos eingefügt.

◄ Zwei verglaste Nischen bieten eine hübsche Präsentationsfläche für Dekorationen

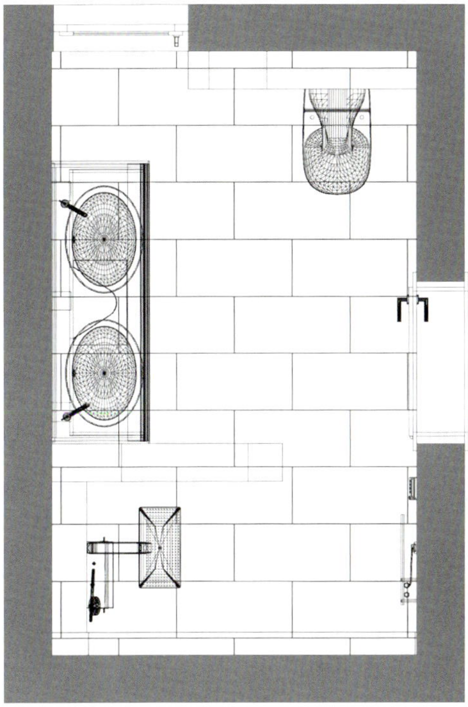

Grundriss Maßstab 1:50

Renovierung im Bestand
Badnutzer: Ehepaar

Waschbecken Alape
Waschtischarmaturen Dornbracht
Waschtischunterschrank Anfertigung vom Schreiner
Duscharmatur Hansgrohe
Brause Nikles
WC Keramag
Spiegelleuchten Top Light
Spiegel Anfertigung vom Glaser
Accessoires Decor Walther

Verarbeitete Materialien Feinsteinzeug im Sandsteinton, Holz Abet Printwood Teak (Waschtisch), mit Effektlack beschichteter Wandputz Spatula Stui mit Effektlack

Kosten k. A.

▼
Rechteckige Nischen sind ein Leitmotiv dieser Badgestaltung. Sie finden sich nicht nur in der Dusche, sondern auch am WC wieder.

▶
Eine beleuchtete, mit farbigem Glas verkleidete Nische dient als dekorative Ablage.

▶▶
Purer Duschluxus dank überdimensionaler Kopfbrause.

Natürlich modern

Eine grosse Dusche zum Erfrischen und Regenerieren – das war der Wunsch der Bauherrin beim Umbau des 8,7 Quadratmeter grossen Bades.

Die Badplaner konzipierten die Dusche als Walk-in-Lösung mit viel Platz und exklusiver Ausstattung. Neben der Handbrause weiß das Ehepaar vor allem den belebenden breiten Wasserstrahl aus der Schwallbrause zu schätzen. Große beleuchtete Nischen dienen zum Abstellen von Shampoo und Duschgel.

Der Waschtisch wurde vor das Fenster gerückt, so dass der Blick nach draußen schweifen kann. Da der Platz für einen Spiegelschrank also schon vergeben war, ist eine raffinierte Alternativlösung gefunden worden. Der Hochschrank neben dem Waschplatz beherbergt nicht nur Stauraum und einen ausziehbaren Kosmetikspiegel, sondern ist sowohl auf der Innen- als auch auf der Außenseite verspiegelt.

Eine besondere Konstruktion zeichnet auch den Waschtisch aus. Die Waschtischplatte wurde bis über das Fußende der Badewanne gezogen. Durch die Verlängerung der Platte aus Caesarstone gewinnt man auch hier weiteren Stauraum, ohne dabei der Wanne etwas von ihrer Funktionalität zu nehmen. Sie ist für eine Person konzipiert und verfügt zum Kopfende hin über eine sehr komfortable Liegefläche.

Wie im ganzen Bad überzeugt auch der Wannen- und WC-Bereich mit hübsch verteilten Deko- und Ablagenischen.

So durchdacht die Architektur ist, so gelungen gestaltet sich auch die Farb- und Materialwahl. Die von den Kunden gewünschte Mischung aus Grau- und Naturtönen wurde sowohl bei den Produkten als auch bei der Fliesen- und Wandgestaltung berücksichtigt. Die Möbel wirken mit ihrer sägerauen Eichenoberfläche sehr ursprünglich. Handmade-Charakter zeigt sich auch bei der Spachteltechnik in dunklem Grau.

»Wir wünschten uns ein modernes Bad mit vielen natürlichen Materialien.«

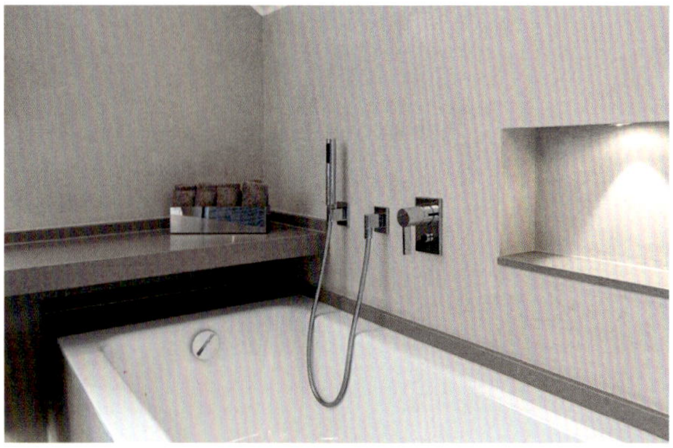

◄◄ Die Waschtischplatte wurde bis über das Fußende der Wanne verlängert.

◄ Harmonische Farbgebung in unterschiedlichen Grautönen.

▲ Hübsche Dekorationen zieren die zahlreichen Nischen.

► Der maßgefertigte Hochschrank hat eine innen und außen verspiegelte Front.

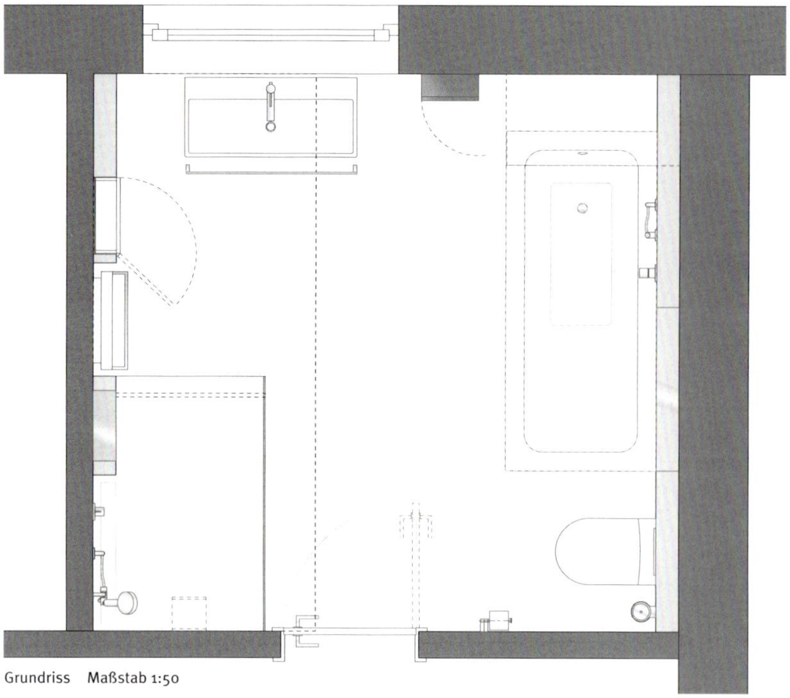

Grundriss Maßstab 1:50

Umbau im Bestand
Badnutzer: Ehepaar

Waschtisch, WC Keramag
Waschtisch-, Wannenarmaturen, WC-Accessoires Dornbracht
Schwallbrause Grohe
Thermostat / Brausestange Dusche Dornbracht
Duschrinne Viega
WC-Betätigung Geberit
Wanne Bette
Heizkörper Vasco
Fliese Mosa
Wandleuchten Decor Walther
Deckenbeleuchtung Decke Brumberg

Verarbeitete Materialien Putztechnik, Eiche-Echtholzoberfläche, Caesarstone

Kosten k. A.

▼ Die Decke wurde zum Wohle der Atmosphäre abgesenkt und begradigt.

▼ Die große Walk-in-Dusche mit Schwallbrause und beleuchteten Nischen war ein Herzenswunsch der Bauherrin.

► Der Waschtischunterschrank wurde in Echtholzfurnier ausgeführt.

◄ Die Wanne mit bequemer Rückenschräge bietet Platz für eine Person.

Raum für Kunst

Warum sollte ein Bad nicht auch Platz für Kunst bieten? Das fragten sich die Bauherren, ein kunstliebendes Ehepaar, und sie beschlossen, dass bei der Einrichtung ihres zukünftigen, 8 Quadratmeter grossen Bades Kunstobjekte einen festen Platz haben sollten.

Am Anfang stand ein spannender Grundriss, der aufgrund vieler Winkel, zweier Nischen und einer Eingangstür in Schräglage durchaus eine Herausforderung war, die die Planer gerne annahmen. Die gestalterische Aufgabe wurde mit Bravour umgesetzt. So entstand ein homogenes Bad, das nicht nur Platz für Kunstwerke bietet, sondern selbst wie ein Kunstobjekt wirkt. Der puristische Raum strahlt eine große Ruhe aus, denn die einzelnen Badobjekte wirken fast wie Skulpturen. Dabei spielt auch der totale Verzicht auf sichtbare Accessoires eine Rolle. Der entsprechende Einsatz von Deckenspots und ausgewählten Wandleuchten setzt alles ins richtige Licht.

Zum ästhetischen Gesamteindruck trägt die Wandegestaltung einen großen Teil bei: Fliesen wurden nicht verlegt. Stattdessen wurde eine aufwendige Spachteltechnik angewendet, deren glatte Oberfläche in einem sanften Braunton die minimalistische Einrichtung auf das Schönste hervorhebt.

Beim Eintreten fällt der Blick sofort auf den markanten Waschtisch. Standsäule, Waschbecken und Ablagefläche gehen ineinander über, sogar ein Handtuchhalter ist integriert. Rechts neben dem Waschtisch wurde eine Nische wie ein Schaukasten gestaltet, in dem wechselnde Kunstobjekte ausgestellt werden. Die linke Nische wurde komplett in eine Dusche mit eigens angefertigter Duschtasse und Sitzbank verwandelt.

Auf der Sitzbank können Wassergüsse aus der in bequemer Höhe angebrachten Schwalldusche ganz entspannt genossen werden.

▼ Die eigens angefertigte Duschtasse wird durch eine Sitzbank aus demselben Material ergänzt. Die Dusche ist so groß, dass auf eine Tür als Spritzschutz verzichtet werden konnte.

▼ Der ungewöhnliche Waschtisch wird durch eine Armatur ergänzt, die dank einer speziellen Kartuschentechnik sehr reduziert gestaltet werden konnte.

▼ Ein Holzstatue wird in der Nische mit einem Deckenspot in Szene gesetzt.

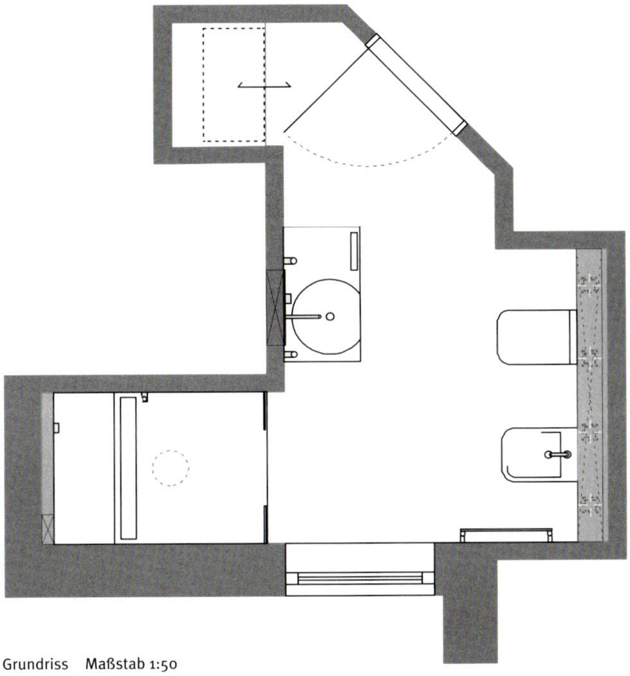

Grundriss Maßstab 1:50

Renovierung im Bestand
Badnutzer: Ehepaar

Waschtisch, WC, Bidet antoniolupi
Heizkörper Tubes
Armaturen Fantini
Brausetasse, Sitzbank, Spiegelschrank, Einbaumöbel, Sockelleisten Ultramarin
Beleuchtung Kreon
Wandputz Beton Ciré

Verarbeitete Materialien Boden und Wände aus Beton Ciré, Eckfugen in gleichfarbigem Silikon

Kosten k. A.

▼
Die puristische Badgestaltung bildet den effektvollen Hintergrund für Kunstobjekte.

►
Kleines, durchdachtes Detail: Der in die Wand integrierte WC-Papierhalter plus WC-Bürstengarnitur.

Zurück zur Natur

▲
Natürliche Materialien im Bad liegen derzeit absolut im Trend (Keuco).

Es sind die einfachen Dinge, die den Traum von einem »grünen« Bad ausmachen: an einem schönen Morgen barfuß über einen taunassen, moosweichen Rasen gehen, der gleich hinter den gläsernen Flügeltüren wartet; das weiche Wasser einer Schwallarmatur mit den Händen auffangen; eine Dusche wie ein Sommerregen; glatt gelaufene Holzdielen, die nach Kiefernwald duften.

Das moderne Bad präsentiert sich heute als wohnlicher Raum, in dem die unterschiedlichsten Materialien und Formen Anwendung finden, und auch sein Potenzial für umweltneutrales Bauen und Ressourcenschonung rücken immer stärker in den Fokus. Wir wollen die Umwelt schonen, Energie sparen und uns »natürlich« und trotzdem hygienisch wohl fühlen – auch und gerade im Bad.

Nachhaltige Produktentwicklung

Die Sanitärindustrie reagiert darauf mit nachhaltiger Unternehmensphilosophie, wie mit ihrer Initiative »Blue Responsibility«, aber auch mit konkreten Produktangeboten an die Verbraucher. In der Hauptsache zielen nachhaltige Produktkonzepte auf die Reduktion des Wasserverbrauchs, denn der ist im Badezimmer häufig mit Energieeinsatz zur Wassererwärmung verbunden.

Mit Durchflussbegrenzern, Perlatoren, Duschstopps und moderner Brausetechnik, bei der kleine Luftblasen in die Wassertropfen eingeschlossen werden, um ein besonders weiches, üppiges Duschgefühl zu erzielen, kann der Wasserbedarf ohne Komfortverlust stark reduziert werden. Darüber hinaus helfen Einhandmischer und Thermostatarmaturen, Einregelungsverluste zu minimieren. Als »Nebeneffekt« erhöhen solche individuell programmierbaren Thermostatarmaturen zudem ganz erheblich den Dusch- und Badekomfort und lassen sich einfach bedienen.

Green Bathroom

Aber es geht im »Green Bathroom« nicht nur darum, Wasser zu sparen. Im Fokus dieses Trends steht die Verbindung von Sparsamkeit, gutem Gewissen und Wellness. Denn Wasser bedeutet auch Lebenslust und Sinnlichkeit – vor allem in einer modernen Badkultur. Insofern ist der Genuss eines Vollbades durchaus erlaubt, so lange man auf seine persönliche Wasserbilanz achtet und bewusst mit dem wertvollen Gut umgeht. Die deutsche Sanitärindustrie reagiert auf die »grüne« Entwicklung und berücksichtigt immer mehr Aspekte bei der Herstellung neuer Produkte. So gibt es z. B. inzwischen Badewannen mit cleverem Design und ergonomischer Innenform, die weniger Volumen für hohen Füllstand benötigen.

Die Beliebtheit formschöner Armaturen, die das Wasser sinnlich inszenieren und natürlich wirken lassen, zeigt, wie wichtig den Menschen der Kontakt zum Lebenselement Wasser ist. Schwallarmaturen, von denen inzwischen auch sparsame Modelle erhältlich sind, und drucklos wasserspendende Armaturen, lassen das technisch aufwendige Innenleben vergessen und rücken uns den großen Wert der Ressource Wasser ins Bewusstsein.

Seinen – leider nicht immer separaten – Platz im modernen Klein-Bad dürfte auch weiterhin das WC finden. Neben dem Komfort eines Dusch-WC, das auf die Reinigung mit Wasser setzt, setzen sich zunehmend spülrandlose WCs durch – beides mit klaren Hygienevorteilen für den Nutzer und nachhaltigen Aspekten für die Umwelt.

Eine Frage des Materials

Ein ganz anderer Aspekt bei der Planung eines nachhaltigen Bades ist die Materialfrage. Es dominieren natürliche, ökologisch unbedenkliche Materialien und langlebiges Design. Denn so schön ein weicher Moosteppich und Holzdielen auch sein mögen: Fliesen, Stein oder Beton sind praktischer, wasserunempfindlicher und pflegeleicht. Daher werden Produkte in allen Bereichen des Bades – vom Bodenbelag bis zur Armatur – stetig weiterentwickelt.

Es gibt kaum ein Material, das produktionstechnisch und baubiologisch unbedenklicher sowie qualitativ haltbarer ist als Sanitärkeramik. Höchstens die Badewanne oder Duschfläche aus Stahlemail ist noch unverwüstlicher und langlebiger. Gerade bei den

▲
Jens J. Wischmann ist Geschäftsführer der VDS und kennt die Sanitärbranche wie kein anderer.

fast zum Standard gewordenen bodenebenen Duschen erfreut sich Stahlemail großer Beliebtheit. Einige Hersteller gewähren Garantien von bis zu 30 Jahren. Das macht deutlich, wie wichtig zeitloses Design und Qualitätsprodukte im Bad sind – denn das nachhaltigste Bad ist eines, das lange hält und ebenso lange schön ist.

Die »natürlichen« Eigenschaften der Keramik – hygienisch, pflegeleicht, langlebig – werden durch eine der von manchen Markenherstellern angebotenen eingebrannten Hightech-Glasur noch erhöht. So können viele Waschbecken mit speziellen Oberflächen ausgestattet werden. Ihr schmutzabweisender Effekt ist bekanntlich der Lotusblume abgeschaut. Pflegeaufwand und damit auch der Wasser- und Reinigungsmitteleinsatz werden minimiert – wiederum ein Plus für Badnutzer und die Umwelt.

Doch irgendwann wird auch das schönste Waschbecken ausgemustert. Und was dann? Keine Sorge, auch Keramik ist vollständig recycelbar: Ähnlich wie bei der Glasherstellung werden bei der Keramikproduktion alte Keramikscherben wieder eingesetzt, und der Rest landet im Bauschutt und wird als Füllmaterial verwendet. Letztlich bleibt von der Keramik also nichts als zermahlener Stein – zurück zur Natur eben!

Wer auf Massivholz im Bad nicht verzichten möchte, sollte Möbel aus zertifiziertem Holz wählen. Und als Ausbaualternative zu feuchtraumresistenten Tropenhölzern bieten sich einheimische Thermoholzqualitäten an, die durch thermische Behandlung unempfindlich gemacht wurden.

Beim »Green Bathroom« denkt man gleich an frische und erfrischende Luft. Daher sollte bei der Badplanung auch auf ein natürliches Raumklima geachtet werden. So eignen sich Lehmwände oder moderner Lehmputz außerhalb der direkten Spritzwasserbereiche ideal, da sie Feuchtigkeit binden und klimaausgleichend wirken, wodurch auch der Schimmelbildung vorgebeugt werden kann.

▲
Kieselsteine als Duschboden verstärken das Gefühl von Natur und massieren gleichzeitig die Füße.

▲
Holz ist der natürlichste Wohlfühlfaktor im Bad (Duravit).

Zeitlos modern

Das 5 Quadrameter grosse Bad in der liebevoll eingerichteten Stadtvilla war bei den Modernisierungsplänen der Bauherren etwas zu kurz gekommen. Bei der anstehenden Renovierung wurde vor allem Wert auf zeitlose Modernität gelegt, die zum Stil des Hauses passen sollte.

Der kleine, mit einigen Winkeln und Ecken angereicherte Grundriss stellte den Badplaner vor eine anspruchsvolle Aufgabe, die er zur vollen Zufriedenheit des Kundenehepaars löste. Die kluge Raumaufteilung nutzt die Problemzonen optimal und setzt auf eine schnörkellose Gestaltung.

Das Bad beherbergt jetzt eine großzügige Dusche, einen attraktiven Waschplatz sowie ein WC. Zur zeitlosen Ausstrahlung trägt auch das Farbkonzept bei, das sich auf die Töne Weiß und Crème konzentriert. Besonders fällt das beim Waschtisch auf. Das weiße, massive Keramikbecken wurde mit einem Unterschrank mit schlichter Eichenfront kombiniert. Der Waschtisch bietet ausreichend Ablagefläche für die von zwei Personen benötigten Utensilien. Die Armatur ist seitlich des Beckens angeordnet, um einen bequemen Zugriff zu gewährleisten. Zusätzlichen Stauraum bietet ein Spiegelschrank mit seitlichen Regalfächern. Diese klassisch zeitlose Form- und Farbkombination wirkt überaus harmonisch und bietet bei aller Attraktivität doch ausreichende Funktionalität.

Die lang gestreckte Rechteckform des Waschtisches wird durch die Dusche wieder aufgenommen. Hier findet man Wasser-Wellness vom Feinsten. Eine runde, direkt an der Decke installierte Kopfbrause sorgt für prasselnden Duschregen und wird durch eine elegante Stabbrause ergänzt. Der eingebaute Deckenspot leuchtet die Dusche komplett aus und trägt damit zur sicheren Nutzung bei. Das WC wurde per Vorwandinstallation unter dem Fenster platziert. So wurde die Toilette etwas mehr in den Raum gerückt und eine weitere Ablagefläche entstand. Die seitlich in eine Wandnische angebrachten Regale sind die passende Ergänzung.

Über den Raum verteilte dimmbare und getrennt schaltbare Deckenspots sorgen in den einzelnen Funktionsbereichen für angenehme Lichtstimmung.

◄
Der großzügige Duschbereich bietet ausreichend Platz. Eine Nische dient als Stellfläche.

▼
Platz für Armaturendesign im Architekturlook.

►
Zeitlos und stilvoll – dank klassischer Farbkombi in Crème-Weiß und geradlinigen Produkten.

►►
Regale in der Nische bieten luftigen Stauraum.

»Schade, dass wir so lange mit der Modernisierung des Bades gewartet haben. Erst jetzt fühlen wir uns richtig wohl.«

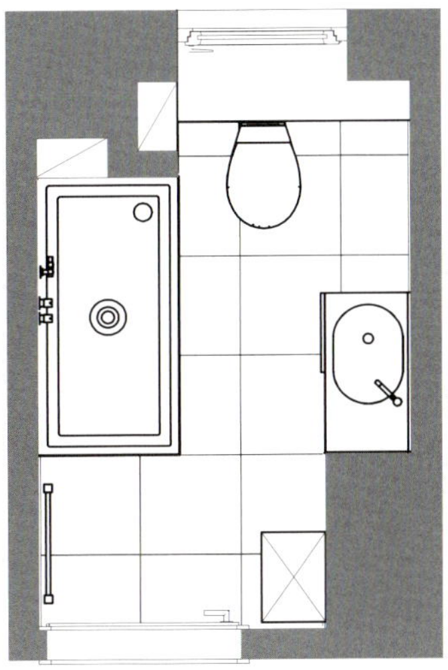

Grundriss Maßstab 1:50

Renovierung in einem Stadthaus aus dem 19. Jahrhundert
Badnutzer: Ehepaar

Waschtisch, Wachtischunterschrank Agape
WC, Duschwanne Duravit
Armatur Vola
Hochschrank antoniolupi
Fliesen Brix

Verarbeitete Materialien Feinsteinzeug

Kosten ca. 33.000 Euro

▼
Auch die liebevoll ausgesuchten Accessoires setzen auf das Farbkonzept Crème-Weiß.

Wellnessbad mit Format

Das Rezept für ein Wellnessbad auf nur 4,5 Quadratmetern? Das WC wird in einen Extraraum ausgelagert und damit Platz für eine maßgeschneiderte Dampfdusche geschaffen.

Die fünfköpfige Familie, die dieses Bad nutzt, ist überglücklich, dass ihr Wunsch nach einem Dampfbad erfüllt werden konnte. »Wir wären gar nicht auf die Idee gekommen, das WC im angrenzenden Raum unterzubringen«, freut sich die Bauherrin. Denn die Familie liebt die Entspannung im gesundheitsfördernden Dampf.

Da das Dampfbad regelmäßig genutzt wird, ist es luxuriös ausgestattet. Der Dampfgenerator ist in der großzügigen Bank mit beheizter Sitzfläche verborgen. Eine Regen- und eine Handbrause komplettieren die Ausstattung, die sowohl für den kühlenden Ab-schluss des Dampfbades als auch für die erfrischende Dusche am Morgen sorgt. Im gesamten Bad wurden Feinsteinzeug-Fliesen im Großformat 90 × 90 Zentimeter verlegt. Das reduzierte Fugenbild wirkt homogen und trägt zur Raumstreckung bei. Der Duschbereich konnte dank der Größe der Fliese sogar fugenlos gestaltet werden. Und der keramische Wandbelag in einem hellen, modernen Zementgrau sieht nicht nur gut aus, sondern fühlt sich auch angenehm samtig an.

Um Akzente in der grau-weißen Farbkombination zu setzen, kommt an einigen Stellen kräftiges Rot ins Spiel. So korrespondiert die Sonderlackierung des Heizkörpers harmonisch mit den lackierten Glasscheiben am Waschtisch und in der Nischenrückwand im Dampfbad.

Um neben dem luxuriös ausgestatteten Dampfbad zu bestehen, wird eine Menge Format benötigt. Der Waschplatz absolviert diese Herausforderung mit einer nicht minder exquisiten Gestaltung. Die weiße Corianplatte mit integriertem Becken macht zusammen mit dem hochglänzenden Unterschrank in edlem Grau eine gute Figur. Der Spiegelschrank, der mit einem Regalschrank kombiniert wurde, zeigt sich in der Seitenansicht ganz schmal. Er wurde nämlich teilweise in die Wand eingebaut, so dass bei einer eigentlichen Innentiefe von 25 Zentimetern nur 10 Zentimeter Überstand zu sehen sind. Eine nicht alltägliche Lösung, die enormen optischen Raumgewinn bringt. Und der hochglänzende Unterschrank in dunklem Grau verleiht dem Bad eine edle Note.

»Wir genießen jede Minute im Dampfbad.«

◄ Das Dampfbad bietet neben einem hochwertigen Dampfgenerator, einer beheizten Sitzbank und hochklassigen Armaturen auch ein hochwertiges Soundsystem, das das Wellnesserlebnis mit Lieblingsmusik komplettiert.

► Grau – und keine Spur von Tristesse. Gezielt eingesetzte rote Farbakzente sorgen für Highlights. Und das geschickt integrierte Fenster für den Blick nach draußen.

◀
Die Farbkombination Grau und Weiß zeigt sich auch in den Details.

▶
Durchdachtes Detail in der Dampfdusche: Ein Rasierspiegel über der Nische.

▼
Das großzügige Familien-Dampfbad in Aktion.

▼▼
Große Glastüren sorgen für Transparenz.

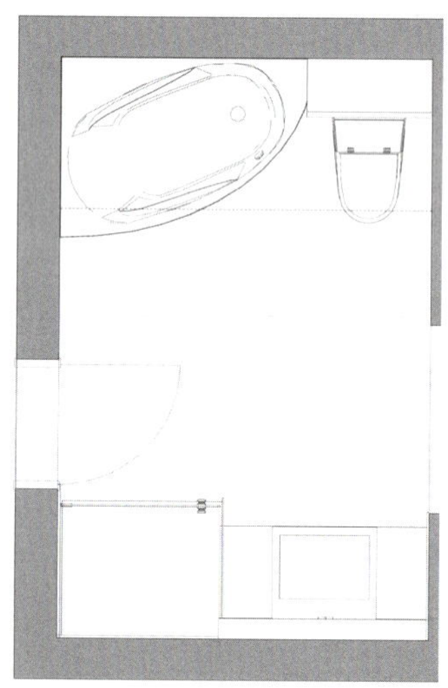

Grundriss Maßstab 1:50

Renovierung im bestehenden Wohnhaus
Badnutzer: Familie mit drei Kindern

Corian-Waschtisch, Unterschrank, Spiegel- und Regalschrank antoniolupi
Armaturen Dornbracht
Dampfbadtechnik Bayou
Fliesen Mirage
Heizkörper Bemm
Fliesen Granitsimse Nero Assoluto geflammt

Verarbeitetes Material Corian, Feinsteinzeug, lackiertes Glas, Marmorputz Volimea

Kosten 59.000 Euro

Absolut feminin

Die Dame des Hauses wünschte sich ein kleines Zweitbad nur für sich, in dem sie ganz ungestört ihren Pflegeritualen nachgehen oder mal ein ausgiebiges Duschbad geniessen kann. Und so schuf die Badplanerin auf 5,6 Quadratmetern einen überaus femininen Raum.

Das Bad spricht eine deutliche Sprache: Dieses Bad wird hauptsächlich von einer Frau genutzt. Verspielter Stil trifft auf moderne Formen, zarte Dekorationen auf puristische Linien. Eine absolut zeitlose Mischung, die im Übrigen auch perfekt zum Stil des gesamten Hauses passt, dabei allerdings die feminine Seite der Einrichtung betont.

Die Badgestalterin griff bei der Ausstattung daher zu nicht alltäglichen Materialien und Produkten. So zeigt die Wand rund um das WC ein auffälliges überdimensionales Blumenmotiv. Es wirkt wie mit dem Pinsel hingetupft und zeigt sich in abgestuften Rot- und Brauntönen. Die zarten Töne dieser abwaschbaren Tapeten korrespondieren perfekt mit den Farben des Raumes. Ein weiteres, schönes Einrichtungsdetail ist die Duschabtrennung, die mit kleinen Wortspielen verziert ist. Im Zusammenspiel bekommt das Ambiente schon fast einen poetischen Touch.

Doch natürlich sollte es in diesem Bad nicht nur um die Umsetzung eines möglichst weiblichen Stils gehen. Der Bauherrin kam es vor allem auf hohen Komfort an. Daher kommt neben den hübschen Dekorationen auch die Funktion nicht zu kurz. Der Schwerpunkt liegt eindeutig auf dem Duschbereich. Er nimmt fast die gesamte linke Raumseite ein. Der Bodenbereich wurde mit Naturstein ausgestattet. Auch hier findet man ungewöhnliche Details in Form von Fossilien. Die Wände der Dusche wurden komplett mit fugenlosem Glas gestaltet. Eine sehr elegante und funktionale Lösung.

Funktionell geht es auch am Waschplatz zu. Die langgestreckte Waschtischplatte mit integriertem Becken schmiegt sich nahtlos an die Rückwand. Über dem Becken befindet sich ein indirekt beleuchtbarer, sehr großer Spiegel, der das Bad großzügiger wirken lässt.

◄
Auffallend: Das überdimensionale Blumenmotiv.

▼
Detailverliebt: Schriftzüge auf der Duschwand.

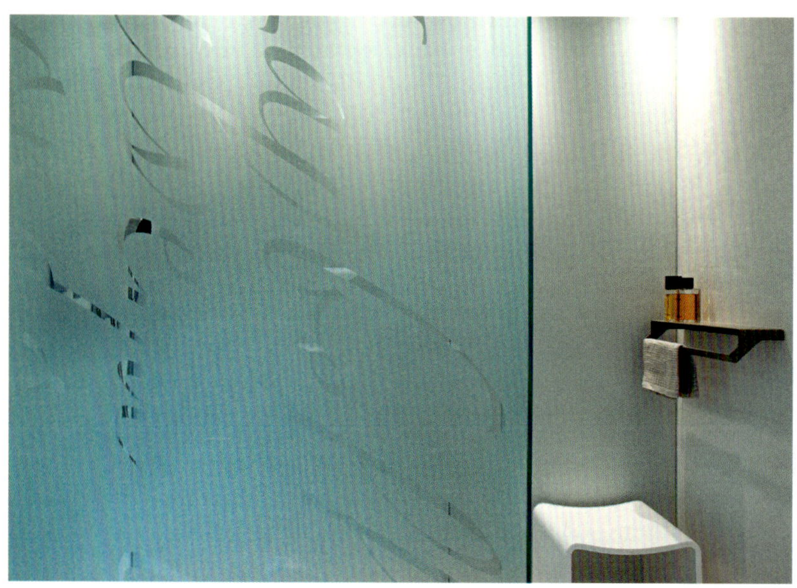

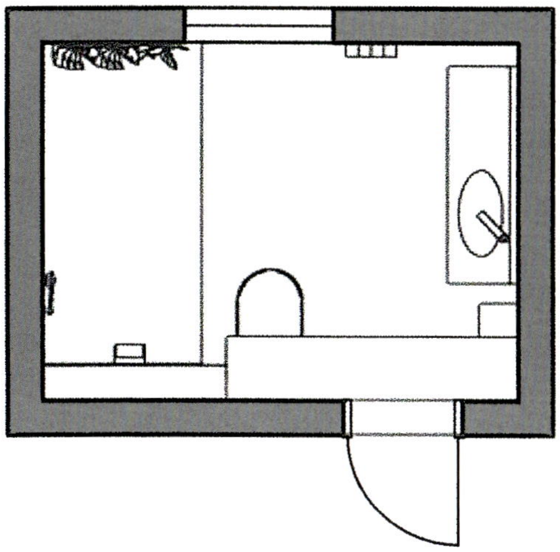

Renovierung im Bestand
Badnutzer: Einzelperson

Waschplatz/Möbel/Spiegel/Duschabtrennung antoniolupi
Duschrückwände, Ablaufrinne Heiler
Armaturen Dornbracht
Kosmetikspiegel Keuco
WC Villeroy & Boch

Feinsteinboden & Dusche Piba Marmi
Bildtapete Wall& Deco
Vorwandinstallationselement Geberit
Spachtelputz Volimea
Licht B. Beisse

Verarbeitete Materialien Feinstein, Naturstein, Tapete, Cristalplant, Glas, Putz

Kosten k. A.

»Funktionalität war mir wichtig. Trotzdem sollte die Einrichtung einen femininen Stil bewahren.«

◄
Zwei unterschiedlich große Schränke befinden sich neben dem Waschtisch.

▼
Die Designarmatur rückt aus Platzgründen an die Seite.

▼▼
Der Waschtisch wurde millimetergenau geplant.

Feingefühl für's Material

Auf 5,2 Quadratmetern ist nicht viel Platz!? Dieses Bad tritt den Gegenbeweis an. Denn es bietet seinen anspruchsvollen Nutzern viel Komfort und ein aussergewöhnliches Ambiente.

Die designorientierten Bauherren waren konsequent: »Wir möchten ein funktionales, geradliniges Bad.« Das neue Bad entspricht genau den Wünschen des Paares und bietet doch so viel mehr. Denn beim zweiten Hinsehen entdeckt man einige sehr durchdachte Überraschungen, die durch ihre Funktionalität überzeugen. So befindet sich zum Beispiel neben dem WC ein integrierter Schrank, in dem Toilettenpapierhalter und WC-Bürstengarnitur untergebracht wurden. Auf der anderen Seite hat der Schrank durchaus tragende Funktion, denn er dient als Träger- und Befestigungselement für die Duschabtrennung. Außerdem verbergen sich hier die Wasserleitungen für die Anschlüsse in der Dusche. Nicht zu unterschätzen ist der optische Effekt: Der Schrank nimmt das WC aus dem direkten Blickfeld.

Ebenso durchdacht wie die Dusche ist der Waschplatz. Zwei unterschiedlich große, direkt nebeneinander platzierte Schränke wurden zum Waschplatz zusammengefügt. So entsteht ein leichter Versatz sowohl in der Höhe als auch in der Tiefe, der für optische Leichtigkeit sorgt. Außerdem wird durch diese Konstruktion Bewegungsfreiheit vor der Dusche geschaffen. Beide Schränke bieten reichlich Platz für Kosmetika, Bürsten, Fön & Co. Über dem Waschplatz wurde ein großer rechteckiger Spiegel angebracht, über dem würfelförmige Leuchten Rasur- und Make-up-Rituale ins richtige Licht setzen.

Ein weiterer Pluspunkt sind die ausdrucksstarken großformatigen Fliesen, deren interessante Struktur, ein Wechsel zwischen matter und glänzender Oberfläche, das Feingefühl der Bauherren für ausgefallene Materialien zeigt.

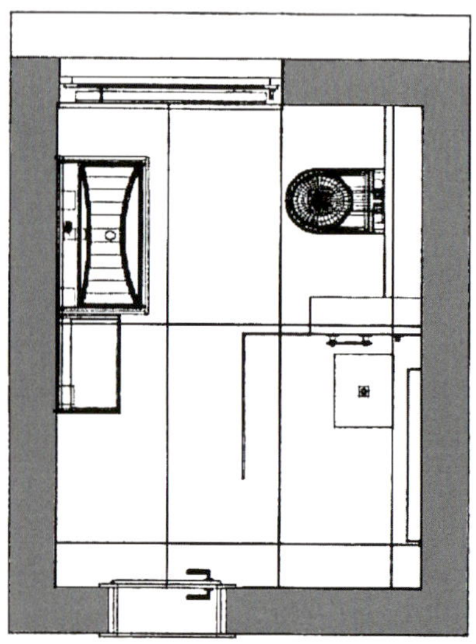

Grundriss Maßstab 1:50

Renovierung im Bestand
Badnutzer: Ehepaar

WC und Waschtisch Teuco
Armaturen Dornbracht
Heizkörper Viessmann
Spiegel Maßanfertigung
Duschabtrennung Glas & Design Sonderanfertigung
Waschtischunterschrank Maßanfertigung Schreiner

Verarbeitete Materialien Feinsteinzeug, Naturputz, Glas, Holz

Kosten 41.600 Euro

◀ Edle Zurückhaltung gilt auch für die Gestaltung der Dusche.

▲
WC-Papierhalter und Bürstengarnitur verbergen sich in einem verfliesten Schrank neben der Toilette.

▼
Geschickter optischer Schachzug: Die Wandfliesen wurden auch als Platten für die Waschtisch-Unterschränke verwendet. Der Vorhang mit Gittermuster wirkt fast wie satiniertes Glas.

▼▼
Geradlinig und funktionsorientiert, so wünschten sich die Bauherren ihr Bad. Trotz der Beschränkung auf wenige Elemente wirkt das Ambiente sehr wohnlich.

Spiel von Hell und Dunkel

Das hören Badplaner auch nicht alle Tage: Die Bauherren wünschten sich ein schwarzes Bad. Der Wunsch wurde erfüllt und auf den vorhandenen 10 Quadratmetern ein Spiel von Hell und Dunkel realisiert, akzentuiert durch den Einsatz unterschiedlichster hochwertiger Materialien.

Da treffen zum Beispiel ausdrucksstarke Metalleffekte auf hochglänzende Lackoberflächen – ein aufregender Kontrast mit starker Aussage. Die Metallic-Fliesen wurden nur halbhoch verlegt, die Wände ansonsten mit weißem Lehmputz versehen. Dazu kommt ein durchdachtes Beleuchtungskonzept sowie zwei große Glastüren, die Tageslicht hereinlassen. So wirkt der Raum trotz des hohen Anteils an dunklen Farben keineswegs düster.

Der dreiköpfigen Familie war – neben dem Einsatz von dunklen Farben – Stauraum sehr wichtig. Vor allem Handtücher sollten jederzeit griffbereit im Bad liegen. Sie finden jetzt Platz in einem Einbauregal neben der Wanne und den Möbeln rund um den Waschplatz. Gemeinsames Merkmal: Alle Möbel zeigen sich in hochglänzendem Schwarz und geradlinigen Formen.

Die beiden Hochschränke bilden den Rahmen für den als Doppelwaschplatz angelegten Waschtisch, der durch einen großen Spiegelschrank sowie einen geräumigen Auszug unterhalb des Beckens komplettiert wird. Die Dusche wurde neben dem Eingang in einer kleinen Nische passgenau installiert. Für die Positionierung unter der Schräge gab es eine Sonderanfertigung mit Schwingtür, so dass die Dusche jetzt haargenau unter das Dach passt.

Eine Solo-Rolle übernimmt die Badewanne. Das ovale Modell wird an den Seiten von halbhohen Ablagen eingefasst. Die Wirkung: Sie scheint sich an die Wand zu schmiegen, was ausgesprochen harmonisch wirkt. Die kleinen Mosaike der Abmauerungen wiederholen sich in der beleuchteten Nische oberhalb der Wanne. Alles in allem eine ausgewogene Gestaltung mit starken Akzenten.

▼
Edle Mosaike ergänzen die metallisch glänzenden Fliesen.

▶
Die unter der Schräge platzierte Dusche ist eine Maßanfertigung.

◀
Mattschwarze Designarmaturen als attraktiver Kontrapunkt.

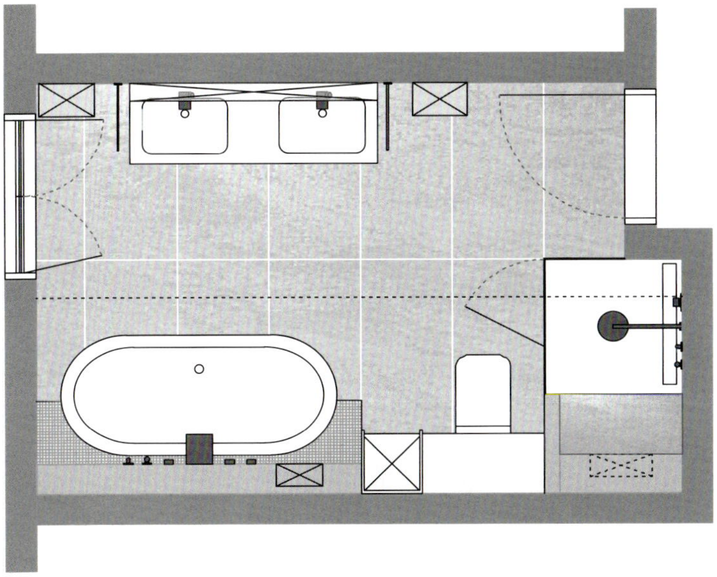

Grundriss Maßstab 1:50

Renovierung im Bestand
Badnutzer: Familie mit einem Kind

Waschtischanlage und Unterschrank antoniolupi
WC Flaminia
WC-Betätigung Geberit
Armaturen Dornbracht
Badewanne und Brausetasse, Spiegelschrank, Einbaumöbel Ultramarin
Beleuchtung Kreon
Fliesen Apavisa
Mosaik Mutina
Lehmputz Yosima

Verarbeitete Materialien Lehmputz, Metallfliesen

Kosten k. A.

▶
Am Waschtisch wurde ein Schwallauslauf installiert.

▼
Bildschön verstaut: Handtücher und Badaccessoires verschwinden in schwarzen Badmöbeln.

▼
Gegensätze ziehen sich an: dunkle Metallic-Fliesen und heller Lehmputz im harmonischen Duett.

»Die Kombination aus Fliesen im Metallic-Look und hellem Lehmputz entspricht genau unseren Vorstellungen.«

Rückzugsort unter dem Dach

Auch Eltern brauchen mal eine Auszeit. Und wo ist man in einem Haus ungestörter als im Dachgeschoss? Also zog das Elternbad in den 7 Quadratmeter grossen Raum unter dem Spitzdach.

Ein Bad direkt unter dem Dachfirst bedeutet zwar Gemütlichkeit, kann aber auch einige Herausforderungen in Sachen Gestaltung mit sich bringen. So auch hier, denn es trafen beidseitige Dachschrägen auf sehr schmale Raumabmessungen. Zunächst einmal wurden die Lichtverhältnisse geregelt. Große Dachflächenfenster sind eingebaut worden und auch im Giebel befinden sich Fenster. So wirkt das Bad jetzt leicht und freundlich, was noch durch die generelle Gestaltung des Raumes in hellen Farben unterstrichen wird. Weiße Wände und heller Naturstein passen optimal zusammen, der dunkle Boden setzt das Tüpfelchen auf das Gestaltungs-i.

Eine besondere Lösung fand der Badplaner für die Dusche. Sie wurde in der Raummitte positioniert und nutzt die komplette Höhe des Dachgeschosses. Sie fungiert damit gleichzeitig als Raumteiler und Sichtschutz. Der Aufbau ist perfekt an die Dachschräge angepasst. Eine eigens angefertigte Abtrennung umrahmt den Duschbereich elegant. Fast kann man von einer Konstruktion aus Licht und Glas sprechen, denn beim Duschen kann man den Blick durch das Dachfenster besonders ausgiebig genießen.

Auch für das Stauraum-Problem wurde ein Rezept gefunden: In die Wände sind große Schubladen eingebaut. So kann auf weitere Möblierung, wie etwa ein Waschtischunterschrank, verzichtet werden. Das verhilft den kubischen Waschbecken zu ihrem großen Auftritt. Die eigens entworfenen Becken aus schwerem Naturstein wurden unter den Fenstern installiert. Denn nur hier war die entsprechende Standhöhe für die Bewohner gewährleistet. Schöner Nebeneffekt: Bei der Nutzung des Waschtisches hat man einen wunderbaren Ausblick. Da aufgrund der Positionierung unterhalb der Dachfenster auf einen konventionellen Spiegel verzichtet werden musste, machen individuell verstellbare Kosmetikspiegel auch alltägliche Handhabungen wie Gesichtspflege oder Rasur zum Vergnügen. Und das Elternpaar genießt jeden Aufenthalt in seinem Bad, das ein rundum gelungener Rückzugsort für die beiden ist.

◄◄
Hier ist der schöne Kontrast zwischen hellem Naturstein und dunklem Holzboden gut zu erkennen.

◄
Die Dusche wurde perfekt an die Dachschräge angepasst. In der Raummitte positioniert, fungiert sie gleichzeitig als Raumteiler.

»Wir genießen nicht nur die Ruhe, sondern auch die Helligkeit in unserem Dachbad.«

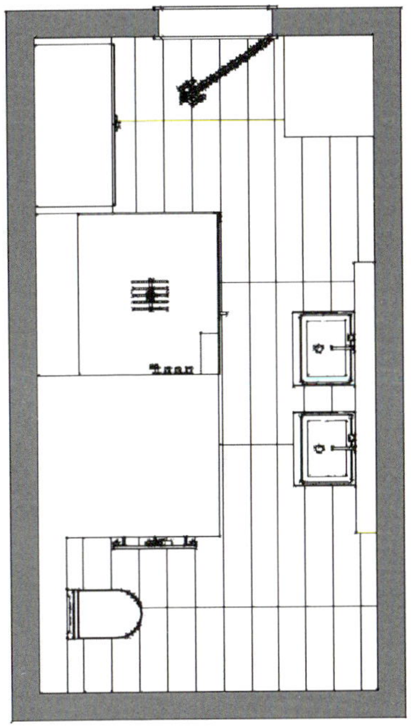

Grundriss Maßstab 1:50

Badnutzer: Elternpaar/Ehepaar

Waschtische Eigenentwurf aus Naturstein
Armaturen Dornbracht
Kopfbrause Vola

In Zusammenarbeit mit artifex, Michael Schiemann

Verarbeitete Materialien Naturstein, Holz, Glas

Kosten k. A.

▶ Ein lichtdurchfluteter Rückzugsort unter dem Dach. Das Elternbad überzeugt durch seine ausgeklügelte Konstruktion.

▼ Die Waschtische aus Naturstein machten gesonderte statische Berechnungen notwendig.

Ein perfektes Paar

Die Verbindung zwischen Bade- und Schlafzimmer liegt auf der Hand. Das fanden auch die Bauherren und beschlossen, das 10,5 Quadratmeter grosse Bad und den Schlafbereich einander näher zu bringen.

Doch dem ersten Planungsanlauf war kein Glück beschieden. Erst beim zweiten Mal fand das Ehepaar einen engagierten Badspezialisten, dessen Gestaltungskonzept sie überzeugte. Sein Vorschlag: Eine visuelle Verbindung zwischen Bad- und Schlafbereich inklusive der Schaffung von reichlich Stauraum. Optisches Leitmotiv ist das durchgehend verlegte dunkle Eichenparkett. Doch der stimmige Auftritt ist auch der gelungenen Verwendung von wohnlichen Farben und natürlichen Materialien zu verdanken. Beige Fliesen und leicht abgetönte, gespachtelte Wände vereinen sich mit dem dunklen Parkett zu einer äußerst wohnlichen Komposition.

Ein großes Anliegen der Hausherrin war die Schaffung von Ablagefläche. So verfügt der Schlafbereich nach dem Umbau über elegante Einbauschränke sowie Sitzbänke mit integriertem Stauraum. Eine Schiebetür führt sozusagen durch die Schrankwand ins Bad. Das Stauraumprinzip setzt sich hier weiter fort und ist in großzügigem Maße vorhanden: Eine maßgefertigte Sitzbank mit Schubladenauszügen erstreckt sich über die gesamte Außenwand des Bades.

Eine überraschende Lösung wurde auch für den Waschtisch gefunden: Das große rechteckige Becken ist mit zwei Armaturen ausgestattet, sodass sich das Ehepaar gleichzeitig komfortabel nebeneinander am Waschplatz aufhalten kann. Ein auf das Design der Schubladenauszüge abgestimmter Unterschrank sowie ein schmaler Hochschrank runden das Ensemble ab.

▶ Dunkles Parkett und hochwertige Fliesen passen perfekt zusammen.

▼ Die Dusche ist mit einer Mauer vom Rest des Bades abgetrennt.

▼ Zwei in eins: Die Sitzbank wird mit integrierten Schubladen zum Stauraum.

▼ Gut gelöst: Mit zwei Armaturen wird ein Waschbecken zum Doppelwaschplatz.

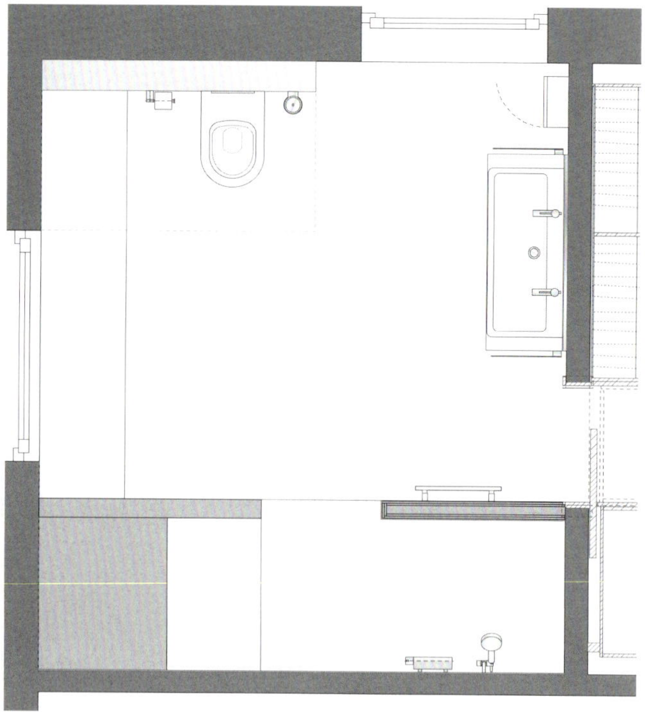

Grundriss Maßstab 1:50

Umbau im Bestand
Badnutzer: Ehepaar

Waschtisch Duravit
Armaturen Dornbracht
HK Zehnder
Duschrinne Viega
Duschkorb Keuco
WC Villeroy & Boch
WC-Betätigung Geberit
WC-Accessoires Dornbracht
Deckenbeleuchtung Brumberg
Wandleuchten, Spiegel Decor Walther
Boden Echtholzparkett Mafi
Fliesen Mosa beige

Verarbeitete Materialien gespachtelte Vliesbeschichtung, Parkett, Fliesen, MDF

Kosten k. A.

▸ Eine in den Schrank integrierte Schiebetür führt vom Schlafzimmer ins Bad.

◂ Wohnlichkeit dank dunklen Eichenparketts und sanfter Lichtstimmung.

»Die Verbindung zwischen Schlafzimmer und Bad war uns sehr wichtig.«

▾ Schlicht gelungen: Die Duschgestaltung ist ein Fest für Purismus-Fans.

▾ Einfach komfortabel: Die Sitzbank in der Dusche.

Adressen und Bildnachweis

Badkultur Beuttenmüller GmbH
Anja Beuttenmüller-Gärtner
Hafenbahnstraße 22
70329 Stuttgart
www.beuttenmueller.de
Seite 110-111
Fotos: Frank Pieth

badmanufaktur Roth – Premiumbäder & Wohndesign
Thomas Roth
Wilhelmstraße 18
65185 Wiesbaden
www.badmanufaktur-roth.de
Seite 102-105
Fotos: Frank Schuppelius

Bad & Mehr Eugen Büring GmbH
Jürgen Möllers
Bergstraße 69-70
48143 Münster
www.bad-und-mehr.com
Seite 30-33, 130-133, 154-157
Fotos: Roland Borgmann

Bäderwerkstatt Ines Tanke
Ines Tanke
Mainzerhofplatz 6
99084 Erfurt
Am Dorfplatz 4
99192 Apfelstädt
www.baederwerkstatt-tanke.de
Seite 54-55, 92-93, 98-99, 144-145
Fotos: Uwe Tanke

Bagno Sasso Mobili AG
Rolf Senti
Schulstraße 76
CH-7302 Landquart
Zürichbergstraße 80
CH-8044 Zürich
Juggasunna
CH-7050 Arosa
www.bagnosasso.ch
Seite 70-71
Fotos: photopulse GmbH

Boddenberg Die Badgestalter
Georg Boddenberg
Lützenkirchener Straße 391
51381 Leverkusen
Gottesweg 58
50969 Köln-Zollstock
Helene-Stöcker-Straße 4
51429 Bergisch Gladbach
www.boddenberg.net
Seite 106-109, 128-129, 146-147
Fotos: Bohna Design

Bukoll GmbH Bäder & Wärme
Gisela Bukoll
Fritz-Winter-Straße 16
86911 Dießen am Ammersee
www.bukoll.de
Seite 16-19, 28-29, 44-45, 78-79
Fotos: Sabine Jakobs

Das Premiumbad – Bad Design Ambiente
Henning Senger
Hermann-Ehlers-Straße 16/18
49082 Osnabrück
www.das-premium-bad.de
Seite 84-85
Fotos: Jette Golz

Dreyer Haustechnik GmbH
Regine Dreyer / Thilo Dreyer
Dresdener Straße 11
91058 Erlangen
Weißgerbergasse 27-29
90403 Nürnberg
www.dreyer-gmbh.de
Seite 22-25, 48-51, 60-61, 112-115, 138-139, Covermotiv, Umschlagrückseite: Bild Mitte, rechts
Planungen:
inarc / Christl Rambach & Regine Dreyer
Marion Kuschel & Anke Rühmkorf
Fotos: Walther Appelt

FRICKBadezimmer
Martina Frick / Dipl.-Ing. Rainer Frick
Neue Straße 115
89073 Ulm
Wallbacher Straße 12
89547 Gerstetten
www.frick.eu
Seite 68-69, 140-143
Fotos: Florian Thierer

GOLDMANN Badmanufaktur
Maritta Goldmann
Kollwitzstraße 80
10435 Berlin
www.goldmann-bad.de
Seite 42-43, 72-75, 116-117
Fotos: Florian Goldmann

Wolfgang John Das Bad
Wolfgang John
Auf der Steinkaut 1
65558 Heistenbach
Studio Bett und Bad
Frankfurter Straße 122-124
65520 Bad Camberg-Würges
www.johnbaeder.de
Seite 34-35, 62-63, 80-83
Fotos: Rebecca Hammer

Roland Liegl küche.bad.innenarchitektur
Roland Liegl
Blankenberg 1
83530 Schnaitsee
www.RolandLiegl.de
Seite 20-21, 38-41
Fotos: Uli Niedersteiner

Hans Schramm GmbH & Co. KG
Ingrid Schramm/ Hans Schramm
Fürstenrieder Straße 38
80686 München
www.schramm.de
Seite 26-27, 52-53, 56-59, 88-91, Umschlagrückseite: Bild links
Fotos: Christine Schaum

Steinrücke – Bad und Raum in Perfektion
Elmar Steinrücke
An der Goymark 17-19
44263 Dortmund
www.steinruecke.net
Seite 64-67, 86-87, 94-95, 124-127, 152-153
Fotos: Sonja Speck

ULTRAMARIN - Raum Fliese Bad
Stephan Krischer
Widdersdorfer Straße 190, Altes Gaswerk
50825 Köln
www.ultramarin.de
Seite 100-101, 122-123, 134-135, 148-151
Fotos: Frank Jankowski

Wagner GmbH Bad+Design Heizung
Dipl. Ing. (FH) Yvonne Wagner
Am Rückersgraben 29-31
63110 Rodgau/ Dudenhofen
www.haustechnik-wagner.de
Seite 36-37
Fotos: Stettin Fotografie

Weitere Fotos
Klaus Liese
Fotos: Light Agentur
Michael Schmidt
Foto: Bernd Kammerer
Jens Wischmann
Foto: Behrendt und Rausch

Wir danken folgenden Herstellerpartnern für das zur Verfügung gestellte Bildmaterial:

Alape GmbH
Bette GmbH & Co. KG
Dornbracht Deutschland GmbH & Co. KG
Duravit AG
Gira – Giersiepen GmbH & Co. KG
Keuco GmbH & Co. KG

Weitere Informationen unter:
AQUA CULTURA
www.aqua-cultura.de

Vereinigung Deutsche Sanitärwirtschaft e.V.
www.gutesbad.de

Herstellerverzeichnis

ad notam AG
www.ad-notam.com

Agape
www.agapedesign.it

Alape GmbH
www.alape.com

Alois Heiler GmbH
www.heiler-web.com

antoniolupi
www.antoniolupi.it

Antrax IT Srl
www.antrax.it

Apavisa
www.apavisa.com

Artenia Licht- und Möbeldesign GmbH
www.artenia.de

Artweger GmbH & Co. KG
www.artweger.at

baYou GmbH
www.bayou-bad.de

BEMM GmbH
www.bemm.de

Bernd Beisse
www.berndbeisse.de

Bette GmbH & Co. KG
www.bette.de

Bisazza
www.bisazza.com

Brix
www.brixweb.com

Brumberg Leuchten GmbH
www.brumberg.com

burgbad AG
www.burgbad.de

Busch-Jaeger
www.busch-jaeger.de

Caleido
www.caleido.it

Casa dolce casa
www.casadolcecasa.com

Casalgrande padana
www.casalgrandepadana.com

Catalano
www.catalano.it

CEADESIGN Srl
www.ceadesign.it

Ceramica Flaminia SpA
www.ceramicaflaminia.it

Ceramica Globo
www.ceramicaglobo.com

Ciling Deckenvertrieb GmbH
www.ciling.de

Coem SpA
www.coem.it

Corneli Srl
www.isassidiassisi.it

Cotto d'Este
www.cottodeste.it

Dallmer GmbH & Co. KG
www.dallmer.de

Decor Walther
www.decor-walther.de

Domovari
www.domovari.de

Dornbracht GmbH & Co. KG
www.dornbracht.de

Duravit AG
www.duravit.de

Effegibi
www.effegibi.it

Emco
www.emco.de

Falper Srl
www.falper.it

Fratelli Fantini SpA
www.fantini.it

FROST A/S
www.frost.dk

Geberit AG
www.geberit.com

Gessi
www.gessi.it

GIRA Giersiepen GmbH & Co. KG
www.gira.de

Granitifiandre Spa
www.granitifiandre.it

Grohe GmbH
www.grohe.de

Hansgrohe AG
www.hansgrohe.de

Hasenkopf Holz + Kunststoff
GmbH & Co. KG
www.hasenkopf.de

HSK Duschkabinenbau KG
www.hsk-duschkabinenbau.de

Idea
www.ideagroup.it

Ideal Standard GmbH
www.idealstandard.de

interfrotta Bad- und Heimtextilien GmbH
www.luiz.com

Kaldewei GmbH & Co. KG
www.kaldewei.de

Keramag AG
www.keramag.de

Kerasan Sanitary Srl
www.kerasan.com

Kerlite
www.kerlite.it

Kermi GmbH
www.kermi.de

Keuco GmbH & Co. KG
www.keuco.de

Kreon
www.kreon.com

Mastella Srl
www.mastella.it

Minetti AG
www.minetti.de

Mirage
www.mirage.it

Mosa
www.mosa.nl

Mutina Srl
www.mutina.it

Nikles Inter AG
www.nikles.com

Pibamarmi
www.pibamarmi.it

Pomd'or
www.pomdor.com

Repabad
www.repabad.com

Rifra
www.rifra.li

Riho
www.riho.com

Sign
www.signweb.it

Steinberg-Armaturen GmbH
www.steinberg-armaturen.de

TECE GmbH
www.tece.de

Teuco Guzzini SpA
www.teuco.de

Top Light e.K.
www.top-light.de

TOTO Germany GmbH
de.toto.com

Tubes
www.tubesradiatori.com

Vasco
www.vasco.eu

Victoria + Albert Baths Ltd.
www.vandabaths.com

Viega GmbH & Co. KG
www.viega.de

Viessmann Werke GmbH & Co. KG
www.viessmann.de

Villeroy & Boch AG
www. villeroy-boch.com

VOLA GmbH
www.vola.de

Volimea GmbH & Cie. KG
www.volimea.de

Wall&Decò Srl
www.wallanddeco.com

WHD
www.whd.de

Zehnder GmbH
www.zehnder-systems.de

Zierath GmbH
www.zierath.de

Impressum

Streitfeldstraße 35
81673 München
www.callwey.de
E-Mail: buch@callwey.de

Die Deutsche Nationalbibliothek verzeichnet diese Publikation in der Deutschen Nationalbibliografie; detaillierte bibliografische Daten sind im Internet über http://dnb.ddb.de abrufbar.

ISBN 978-3-7667-2119-8

Dieses Buch ist in Zusammenarbeit mit

AC
AQUA CULTURA

erschienen.

Autorin: Sybille Hilgert, Gütersloh

Redaktion: Martina Brüßel, Thilo Dreyer, Stephan Krischer, Jennifer Siebenhaar, Ines Tanke

Projektleitung: Bettina Springer

Schutzumschlaggestaltung: Herburg Weiland, München

Layout und Satz: hackenschuh communication design, Stuttgart

Druck und Bindung: Stürtz GmbH, Würzburg

Printed in Germany 2014